まるめてふっくら！

魔法の

米粉パン

あつあつパン教室
鈴木あつこ

扶桑社

はじめに

米粉パンに出合ったのは、6年ほど前のことです。

もともとお米が大好きだったので、米粉でもパンが作れることを知ったとき、とてもワクワクしました。

最初は思い通りのパンが焼けず、何度も諦めようと思いましたが、
お米の優しい甘さともちふわ食感、体にちょっぴりいいことをしているという満足感で、夢中で作り続けました。

「米粉パンは簡単で短時間でできる」ということも大きな魅力でした。
急にパンが食べたくなったとき、すぐにおいしい米粉パンが作れたら嬉しい。
——そんな思いから、工程や成形もわかりやすいレシピを考えました。

この本では、はじめてでも簡単においしく作れるようにと、まるい形にこだわっています。まるめるだけなので成形も簡単。よく膨らんで、ふんわり食感になる。そして、まるい形はほっこりかわいい。

以前の私のように、思い通りのパンが焼けなくて悩んでいたり、パンを焼くのは難しいと思っている方に「米粉パンは本当に簡単！ 短時間でおいしくできるよ」「このレシピは大丈夫。失敗しないよ」って伝えたい。

まずは気になったパンを気軽に焼いてみてください。
どのパンもおいしい配合で自信作です。簡単においしいパンが作れる喜びを、たくさんの方に感じていただけたら嬉しいです。

最後に、いつも応援してくださっている皆さま、この本の制作にかかわってくださった皆さま、本当にありがとうございました。

鈴木あつこ

もくじ

はじめに … 02

魔法の米粉パンのココがすごい！… 06

押さえておきたい
米粉パン作りの基本の流れ … 08

上手に作るための6つのポイント … 09

基本の材料 … 10

基本の道具 … 11

[Column 1]
米粉パンをおいしく食べるには … 12

なんにでも合う お食事パン

基本のふわふわまるパン … 14

バターまるパン … 18
プレーン、ココアチョコ、
抹茶ホワイトチョコ

白パン … 22

ハンバーガーバンズ … 24

つぶうまイングリッシュマフィン … 26

極ふわごまパン
プレーン&チーズ … 28

くるみパン … 30

基本のカンパーニュ … 32

フルーツカンパーニュ … 33

[まるパンArrange]
パウンド型を使って 食パンも！

超シンプル食パン … 36

ふわしっとりレーズン食パン … 38

塩バター香るさつまいも食パン … 38

モンキーブレッド … 40

miniベーグル

プレーン&チーズ … 42

ブルーベリー … 44

かぼちゃ … 45

[Column 2]
具材の混ぜ込み方&包み方 … 46

ごちそう感たっぷり お惣菜パン

- パリトロWチーズ … 48
- スパイシーソーセージ … 50
- まるで玉ねぎパン … 52
- ほうれん草チーズパン … 54
- ホントおにぎり ツナマヨ&おかかチーズ … 56
- BIGたこ焼きパン … 58
- 塩バターコーンパン … 60
- ポップちぎりパン … 62
- カレーライス … 64
- ひじき&きんぴらパン … 66
- 照り焼きチキンロール &スモークチーズベーコンロール … 68

まるパンArrange
焼かずに蒸して! 蒸すまるパン

- もっちり肉まん … 70
- ピザ風チーズまん … 71
- 卵蒸しパン … 74
- チーズ蒸しパン … 75
- 中華風蒸しパン … 78

Column 3
米粉パン作りの疑問にお答えします!
困ったときのQ&A … 80

リッチな味わい おやつパン

- とろりんクリームパン … 82
- あんパン … 84
- あんことクリームチーズの 平焼きパン … 85
- ジャムパン … 88
- りんごクリームチーズ& ブルーベリークリームチーズ … 90
- 甘酸っぱレーズンシュガー … 92
- きなこあーんパン … 94
- ごまいもあんこ … 95
- THEチョコチップパン … 96
- ちょこリング … 98
- シナモンロール&アーモンドロール … 100
- レモンパン … 102

まるパンArrange
小さくまるめて! ミニまるパン

- みるくコーヒーチョコmini … 104
- inマシュマロmini … 104
- ぼうしパンmini … 106
- プチーズmini … 108
- まるでピザmini … 109
- ふわサクまんまるドーナツmini プレーン&ソーセージ … 110

※計量単位は大さじ1=15㎖、小さじ1=5㎖としています。
※オーブンは予熱して使用してください。機種によって火の入り方が異なるので、様子を見て温度や時間を調節してください。この本では、東芝の過熱水蒸気オーブンレンジ「石窯ドーム」を使用しています。
※オーブンの予熱は10分程度を想定しています。ガスオーブンなど、5分程度で予熱が終わる場合は、発酵の時間をレシピより5分延ばしてください。
※天板が小さいオーブンを使用している場合は、2回に分けて焼いてください(詳細はP.80参照)。
※電子レンジは600Wを基本としています。500Wの場合は加熱時間を1.2倍に、700Wの場合は0.8倍を目安に調整してください。

1時間ほどで完成！

小麦粉のパンは通常1次発酵と2次発酵が必要です。でも、この本で紹介する米粉パンなら発酵は1回だけ！ 1時間ほどで焼き上がります。

魔法の 米粉パンの

パン作りって難しそう……
と思っている人にもぜひ試してほしいのが米粉パン。
こねずに混ぜるだけでできるし、全部まるなら難しい成形もなし！
短時間でできて、もちろんおいしい。
「焼き立てパンをすぐ食べたい！」の夢が叶います。

こねずにぐるぐる 混ぜるだけ

生地はひとつのボウルの中で混ぜるだけ！ 台に出してこねる必要がないから、キッチンが粉まみれになることも、生地作りでヘトヘトになることもありません。

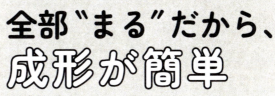

ココがすごい！

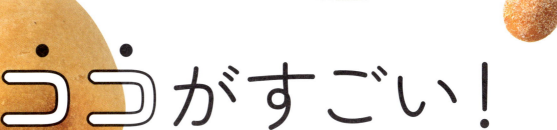

「全部、まる！」

全部〝まる〟だから、成形が簡単

この本で紹介するパンはすべて〝まる〟が基本。複雑な成形がないので、はじめての人でもチャレンジしやすいのが魅力です。

片づけがラクチン

ボウルひとつで生地作りができるので、洗い物が最小限ですみます。しかも米粉は水に溶けやすく、ササッと洗い流せるのでラク。

もちふわ食感でおいしい！

米粉パンの魅力はなんと言ってもそのおいしさ！もちもちふわふわの食感と、優しい味わいがクセになります。焼き立てはもちろん、冷めても電子レンジやトースターで温め直せばおいしく食べられます。

\ 押さえておきたい /
米粉パン作りの**基本**の流れ

この本で紹介する米粉パンの作り方は、どれもだいたい同じ。
大まかな流れがわかっていれば、作業もスムーズです。

1 混ぜる

粉類を**1分ほど**しっかり混ぜたら、水分や油脂を加えてさらに**4～5分**よく混ぜる。そのあと、パンによっては具材を混ぜ込む。
◎発酵をスムーズに進めるため、水分は37℃前後に温めて加える。電子レンジを使うと便利（P.17参照）。

↓

2 分割

スケッパーを使い、ボウルの中や作業台の上で生地を分割する。目分量で分割してもいいが、**重さを量りながら等分**すると焼き上がりの形がそろってきれい。

↓

3 成形

手に油をつけて、生地をまとめるように**10回ほど**にぎったら、両手でキャッチボールして空気を抜き、手のひらでコロコロと転がしてまるめる。**1個につき1分**かけて表面をつるぴかに。このあと、具材を包んだり、伸ばして巻いたりするパンもある。

↓

4 発酵

クッキングシートを敷いた天板に生地を並べ、ふんわりとラップをして濡れ布巾をかけ、オーブンの発酵機能を使って**40℃で10～15分**発酵させる。その後、取り出してオーブンを予熱。
◎発酵機能がない場合、ボウルに50℃前後の湯を張って天板をのせてもOK。

↓

5 仕上げ&焼く

オーブンの予熱が終わったら、クープ（切り込み）を入れたり、バターや油を塗ったりとパンごとに仕上げをし、オーブンでレシピどおりの時間焼く。

↓

もちふわ～

完成！

08

\ 上手に作るための /
6つのポイント

おいしい米粉パンを味わうために
押さえておきたいポイントをまとめました。

1 トータル **1時間** で作る

このレシピはトータル1時間で作ると、おいしく焼ける構成になっています。成形などでもし時間がかかった場合は、発酵時間を少し短くしてください。早くできた場合は、発酵時間を延ばすようにします。

2 イーストは **新しいもの** を使う

イーストは一度開封すると空気に触れて活性化が進みます。密封して冷蔵保存しても発酵力が弱まるので、できるだけ新しいイーストを使ってください。時々しか使わない人は、個包装タイプがおすすめ！

3 できるだけ **ツルツル** に

まるいパンは油を塗った手でたくさん転がし、表面をツルツルにしてください。泥団子作りのようなイメージで1個につき1分は転がしてほしいです。ツルツルにすればするほど、きれいに焼き上がります。

4 手や道具には **こまめに油** を

分割や成形中に生地がくっつく場合は、手や作業台、スケッパーに油を薄く塗ってください。小麦粉のパンでは打粉をしますが、米粉パンでは油が打粉の代わりになります。ただし、塗りすぎには注意を。

5 具材は **温度** に注意

1時間でおいしく焼き上げるためには、うまく発酵させる必要があります。そのためには、混ぜ込んだり包んだりする具材の温度が大切。冷たすぎず熱すぎない温度にすることで、発酵がスムーズに進みます。

6 仕上げの作業は **素早く**

クープなどの仕上げ作業を終えたら、1秒でも早くオーブンへ！ ゆっくりしていると、横広がりのパンになったり、生地が乾燥してしまいます。膨らまない、パサつくなどの原因になるので、気をつけて。

基本の材料

まずはこれがあれば大丈夫！スーパーで手に入りにくいものは、製菓材料店のネットショップなどを活用してみてください。

米粉（パン用ミズホチカラ）

「ミズホチカラ」というお米の品種で作られたパン用の米粉が扱いやすくておすすめ。グルテンが添加されたものや製菓用のものもありますが、この本ではグルテン無添加のパン用を使ってください。米粉は種類によって粒子の大きさや吸水率が異なるので、違うものを使うと仕上がりの食感に差が出ます。まずは同じもので作ってみてください。

砂糖

独特のコクとまろやかさがあるきび砂糖を使っています。上白糖でもいいですし、てんさい糖や素焚糖など、好みのもので大丈夫。イーストの発酵を促し、生地に甘みをつけます。

塩

ごく一般的な海塩でOK。米粉パンの甘みを引き立たせたり、生地がダレたりするのを防ぎます。

無塩バター

生地にバターを加えると、風味がよくなるだけでなく、ふっくらやわらかな米粉パンになります。有塩バターを使うと塩気が強くなるので、無塩バターを用意してください。

ドライイースト（インスタントタイプ）

米粉パンを膨らませるために欠かせないイーストは、予備発酵のいらないインスタントタイプを使用。サフ社の個包装タイプが便利です。大容量タイプでも作れますが、密封して冷蔵庫で保管しても発酵力はだんだん弱くなります。新鮮なうちに使いましょう。この本では赤サフを使用しています。

サイリウム

オオバコ科の植物を粉末にしたもの。生地の水分を吸って膨張し、ゼラチン状に変化するので、グルテンがない米粉でいろいろな形のパンを作るときに欠かせません。多量に摂取するとおなかに負担がかかる場合があるので、食べすぎには注意。ドラッグストアのダイエット食品コーナーに置いてあることも。

植物油

クセのない植物油を使うことが多いです。この本では太白ごま油（写真左）を使っていますが、米油（写真中）やサラダ油など、好みのもので構いません。手に油を塗りながら作業するので、あらかじめ小皿などに出しておきましょう。生地に油を混ぜ込んでふんわりさせたり、パンの種類によっては、オリーブオイル（写真右）を使うこともあります。

※ここで紹介している材料は、富澤商店で購入できます。
https://tomiz.com/

基本の道具

この本で使っている主な道具をご紹介。米粉パン作りを始める前に用意しておくと作業がスムーズです。

めん棒
表面に凹凸のあるプラスチック製のめん棒だと生地がつきにくいです。木製のものでもOK。

ナイフ
クープを入れるのに必要です。切れ味がよく、刃がギザギザした小さめのものが便利。

刷毛(はけ)
生地の表面に油などを塗るときに使います。シリコン製だと毛が抜けず、洗いやすいです。

クッキングシート
天板に敷き、成形した生地をのせて焼きます。作業を始める前に準備しておくと慌てません。

ボウル
深めのガラスボウルがおすすめ。写真はニトリの深型耐熱ガラスボウル（直径21cm）です。

調理用温度計
発酵には温度が重要です。液体を加えるときは、温度計を使ってチェックするのがベスト。

ラップ
パン作りにおいて乾燥は大敵。生地を発酵させるときに、ふんわりラップをかけます。

デジタルスケール
0.1g単位で量れるものが◎。とくにサイリウムは0.1gまで正確に量ります。液体も重さで量って。

スケッパー（カード）
生地の分割や成形に欠かせません。200〜300円で買えるので、ぜひ手に入れてください。

布巾(ふきん)
ラップの上に濡れ布巾をかぶせ、乾燥を二重に防ぎます。不織布のものを愛用しています。

キッチンタイマー
生地を混ぜる時間を計ります。レシピに時間が書いてあるところは、ぜひタイマーを使って。

ファスナー付き保存袋に入れると粉がつかず便利

茶こし
生地の表面に米粉などをふって仕上げるのに使います。100円ショップのものでも十分です。

キッチンバサミ
焼く前に切り目を入れるパンに使います。やわらかい生地もスパッと切れます。

定規
成形のとき、生地のサイズを確認する際に使います。

ケーキクーラー
焼き上がったパンの粗熱を取るのに使います。1台あると便利。

とっても便利！

Column 1

米粉パンを
おいしく食べるには

米粉パンが焼けたら、おいしいうちに食べたいもの。
最後までおいしく食べる秘訣をお教えします。

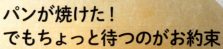

パンが焼けた！
でもちょっと待つのがお約束

オーブンから出したあつあつのパンの香りは格別！ でも食べるのはちょっとだけ待って。熱いうちにナイフで切るとつぶれてねちょっとしてしまい、せっかくのふわふわ感が台なしに。蒸すパン以外は10〜15分、カンパーニュや食パンなどの大きなパンは1時間ほどおいて粗熱を取ってから食べるのがおすすめです。切るのは完全に冷めてからに。

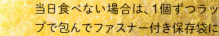

保存は冷凍で！

当日食べない場合は、1個ずつラップで包んでファスナー付き保存袋に入れ、冷凍するのがベスト。食べるときはラップをしたまま、電子レンジで温めます。表面をカリッとさせたいパンは、さらにトースターで3分ほど焼きます。冷蔵は乾燥してかたくなるのでNG。

当日食べるのが
やっぱりいちばん！

米粉パンがいちばんおいしいのは、**粗熱がとれてすぐ**。パンが冷めたら、乾燥しないようにすぐにラップで包みます。カンパーニュや食パンなどの大きくて水分が多く残っているパンは乾燥しにくいため、翌日にサンドイッチなどにするのもおすすめです。

なんにでも合う
お食事パン

シンプルなまるパンは、
毎日の食卓で大活躍！
そのままはもちろん、
バターやジャムを塗ったり、
好きな具材をはさんだり、
楽しみ方は無限大です。

基本の！ふわふわまるパン

いちばんはじめに作ってほしい
シンプルなまるパン。
コロコロまるめていくだけで、
ふんわり米粉パンが完成します。
食事パンとして大活躍!!

基本の ふわふわまるパン

材料（6個分）

A
- 米粉（パン用）… 200g
- 片栗粉 … 20g
- 砂糖 … 7g
- サイリウム … 5g
- ドライイースト … 3g
- 塩 … 3g

作り方

1 混ぜる

最初の1分は、米粉に水分を吸わせるように手早く

まとまってきたら、ボウルに生地をすりつけてはまとめるのを繰り返す

ボウルにAを入れ、**スケッパーで1分ほど混ぜる**。

ボウルを傾けたりして、まんべんなく！

ぬるま湯を加え、**スケッパーで4～5分よく混ぜる**。

混ぜ残しがないように、タイマーをセット！

混ぜ終わりの目安は？

親指と人差し指で生地をギュッとつまみ、指につくぐらいの状態になればOK。つかない場合は、霧吹きなどで水を少しずつたして調整を。

4 発酵

乾燥が大敵！ラップ＆濡れ布巾でつるぴかをキープ

発酵前
発酵後

少しふっくらするくらいが目安

ふんわりとラップをして濡れ布巾をかけ、**オーブンの発酵機能40℃で10～12分**発酵させる。取り出してオーブンを220℃に予熱する。

5 仕上げ&焼く

オーブンの予熱が終わったら、生地に刷毛でまんべんなく油を塗って米粉をふる。

焼き時間
220℃
12分

ぬるま湯
（37℃前後）
…215g

電子レンジ（600W）で水を20〜30秒加熱。

植物油（作業用・仕上げ用）… 適量
米粉（仕上げ用）… 適量

② 分割

重さを量って等分すると仕上がりがきれい

スケッパーを使い、ボウルの中や作業台の上で生地を6等分する。

③ 成形

手に油をつけながら、最初にまるめたものから順に成形して

1個につき1分かけて表面をつるぴかに！

手に油をつけて、生地をまとめるように10回ほどにぎったら、両手でキャッチボールして空気を抜き、手のひらでコロコロと転がしてまるめる。クッキングシートを敷いた天板に並べる。

縦に1本浅めのクープをナイフで入れる。

220℃のオーブンで12分焼く。

ふんわりほかほか〜！

ココアチョコ
作り方はP.21

プレーン
作り方はP.20

バターまるパン

バターの風味がリッチ！
食事にぴったりのプレーンタイプを覚えたら、
チョコを包んだ甘めのココア味と抹茶味にも
チャレンジしてみて。

抹茶ホワイトチョコ
作り方はP.21

バターまるパン
プレーン

バターと豆乳の組み合わせで
しっとりリッチな味わいです。

焼き時間
200℃
12分

材料（6個分）

A | 米粉（パン用）…200g
　| 片栗粉…20g
　| ドライイースト…3g
　| 砂糖…15g
　| 塩…3g
　| サイリウム…5g

ぬるま湯（37℃前後）…100g
豆乳（無調整・37℃前後）…100g
無塩バター（溶かす）…15g

植物油（作業用）…適量
無塩バター（溶かす/仕上げ用）
　…適量

作り方

① 混ぜる

ボウルにAを入れ、スケッパーで1分ほど混ぜる。ぬるま湯、豆乳、溶かしたバターを加え、スケッパーで4〜5分よく混ぜる。

② 分割

スケッパーを使い、生地を6等分する。

③ 成形

手に油をつけて、生地をまとめるように10回ほどにぎったら、両手でキャッチボールして空気を抜き、手のひらでコロコロと転がしてまるめる。クッキングシートを敷いた天板に並べる。

> 1個につき1分かけて表面をつるぴかに！

④ 発酵

ふんわりとラップをして濡れ布巾をかけ、オーブンの発酵機能40℃で10〜12分発酵させる。取り出してオーブンを200℃に予熱する。

> 少しふっくらするくらいが目安

⑤ 仕上げ&焼く

オーブンの予熱が終わったら、生地に刷毛でまんべんなく溶かしたバターを塗る（a）。200℃のオーブンで12分焼く。

まるくてかわいい〜

＼アレンジ／ バターまるパン ココアチョコ

焼き時間 **200℃ 12分**

チョコチップの食感も楽しんで！

材料（6個分）

- A
  - 米粉（パン用）…190g
  - ココアパウダー…10g
  - 片栗粉…20g
  - ドライイースト…4g
  - 砂糖…15g
  - 塩…3g
  - サイリウム…5g
- ぬるま湯（37℃前後）…105g
- 豆乳（無調整・37℃前後）…100g
- 無塩バター（溶かす）…15g
- チョコチップ（溶けにくいタイプ）…60g

- 植物油（作業用）…適量
- 無塩バター（溶かす／仕上げ用）…適量

＼アレンジ／ バターまるパン 抹茶ホワイトチョコ

焼き時間 **200℃ 12分**

甘くておやつにもぴったり。

材料（6個分）

- A
  - 米粉（パン用）…194g
  - 抹茶…6g
  - 片栗粉…20g
  - ドライイースト…4g
  - 砂糖…15g
  - 塩…3g
  - サイリウム…5g
- ぬるま湯（37℃前後）…105g
- 豆乳（無調整・37℃前後）…100g
- 無塩バター（溶かす）…15g
- チョコチップ（ホワイト）…60g

- 植物油（作業用）…適量
- 無塩バター（溶かす／仕上げ用）…適量

作り方（共通）

① 混ぜる ボウルにAを入れ（a）、スケッパーで1分ほど混ぜる。ぬるま湯、豆乳、溶かしたバターを加え、スケッパーで4〜5分よく混ぜる。

② 分割 スケッパーを使い、生地を6等分する。

③ 成形 手に油をつけて、生地をまとめるように10回ほどにぎったら、両手でキャッチボールして空気を抜き、手のひらでコロコロと転がしてまるめる。直径8cmの円形に手で伸ばし、チョコチップを中央にのせて包む（b）。とじ目を下にしてクッキングシートを敷いた天板に並べる。

1個につき1分かけて表面をつるぴかに！

④ 発酵 ふんわりとラップをして濡れ布巾をかけ、オーブンの発酵機能40℃で10〜12分発酵させる。取り出してオーブンを200℃に予熱する。

少しふっくらするくらいが目安

⑤ 仕上げ&焼く オーブンの予熱が終わったら、生地に刷毛でまんべんなく溶かしたバターを塗る。200℃のオーブンで12分焼く。ほんのり温かいうちに溶かしたバターを塗る。

白パン

ふんわりやわらかな白パンは優しい味わいが魅力。
焼き色がつかないように低温で白く仕上げます。

焼き時間
**150℃
21分**

材料（6個分）

A｜米粉（パン用）…200g
　｜片栗粉…15g
　｜ドライイースト…3g
　｜砂糖…20g
　｜塩…3g
　｜サイリウム…7g
ぬるま湯（37℃前後）…108g
豆乳（無調整・37℃前後）…108g
植物油（クセのないもの）…15g

植物油（作業用）…適量
米粉（仕上げ用）…適量

作り方

① 混ぜる
ボウルにAを入れ、スケッパーで1分ほど混ぜる。ぬるま湯、豆乳、油を加え、スケッパーで4〜5分よく混ぜる。

② 分割
スケッパーを使い、生地を6等分する。

③ 成形
手に油をつけて、生地をまとめるように10回ほどにぎったら、両手でキャッチボールして空気を抜き、手のひらでコロコロと転がしてまるめる。お尻形にする場合は油をつけた菜箸で中央をしっかり押さえて転がす（a）。クッキングシートを敷いた天板に並べる。

1個につき1分かけて表面をつるぴかに！

④ 発酵
ふんわりとラップをして濡れ布巾をかけ、オーブンの発酵機能40℃で10〜12分発酵させる。取り出してオーブンを150℃に予熱する。

少しふっくらするくらいが目安

⑤ 仕上げ＆焼く
オーブンの予熱が終わったら、生地に米粉をふる。150℃のオーブンで21分焼く。

こんな食べ方も！

卵サンドがおすすめ
低温で焼いた白パンは、水分が多く残ってかたくなりにくいので、サンドイッチにぴったりです。マヨネーズであえたゆで卵をたっぷりはさんで。

ハンバーガーバンズ

ハンバーガーにぴったりなバンズも米粉でできちゃいます!
すりごま入りの生地なら、ふかふかでサクッとした食感に。

焼き時間
190℃ 15分

材料（4個分）

A | 米粉（パン用）…200g
  | すりごま（白）…20g
  | ドライイースト…3g
  | 砂糖…10g
  | 塩…3g
  | サイリウム…7g

ぬるま湯（37℃前後）…215〜220g
※すりごまの種類によって生地のかたさが変わる。生地をつまんで指につかないときは、水の量を調整する。

オリーブオイル…10g
いりごま（白）…適量

植物油（作業用）…適量
オリーブオイル（仕上げ用）…適量

こんな食べ方も！

チキンバーガーにも◎
ハンバーグはもちろん、はさむものに決まりはなし！市販のフライドチキンを野菜と一緒にはさめば、簡単チキンバーガーの完成です。

作り方

1 混ぜる
ボウルにAを入れ（a）、スケッパーで1分ほど混ぜる。ぬるま湯、オリーブオイルを加え、スケッパーで4〜5分よく混ぜる。

2 分割
スケッパーを使い、生地を4等分する。

3 成形
手に油をつけて、生地をまとめるように10回ほどにぎったら、両手でキャッチボールして空気を抜き、手のひらでコロコロと転がしてまるめる。クッキングシートを敷いた天板に並べ、いりごまを生地の中央にのせる。ふんわりとラップをして、ごまが落ちないように少し押さえる（b）。

> 1個につき1分かけて表面をつるぴかに！

4 発酵
濡れ布巾をかけ、オーブンの発酵機能40℃で13分発酵させる。取り出してオーブンを190℃に予熱する。

> 少しふっくらするくらいが目安

5 仕上げ&焼く
オーブンの予熱が終わったら、生地に刷毛でまんべんなくオリーブオイルを塗る。190℃のオーブンで15分焼く。

つぶうま
イングリッシュマフィン

> 焼き時間
> **210℃**
> **13分**

コーングリッツのつぶつぶ食感と香ばしい香りが食欲をそそる！
型や重しなしで、手軽にコロンと焼き上げます。

材料（6個分）

A
- 米粉（パン用）…200g
- コーングリッツ…10g
- ドライイースト…3g
- 砂糖…5g
- 塩…3.5g
- サイリウム…7g

ぬるま湯（37℃前後）…230g
植物油（クセのないもの）…10g
コーングリッツ（成形用）…約20g

植物油（作業用）…適量

【下準備】
・コーングリッツはボウルに入れておく。

作り方

① 混ぜる
ボウルにAを入れ、スケッパーで1分ほど混ぜる。ぬるま湯、油を加え、スケッパーで4〜5分よく混ぜる。

② 分割
スケッパーを使い、生地を6等分する。

③ 成形
手に油をつけて、生地をまとめるように10回ほどにぎったら、両手でキャッチボールして空気を抜き、手のひらでコロコロと転がしてまるめる。全体にコーングリッツをつけ（a）、クッキングシートを敷いた天板に並べる。ふんわりとラップをして、少し押さえて形を平らに整える（b）。

a

b

> 1個につき1分かけて表面をつるぴかに！

④ 発酵
濡れ布巾をかけ、オーブンの発酵機能40℃で10〜12分発酵させる。取り出してオーブンを210℃に予熱する。

> 発酵不足は焼いたとき割れやすいのでしっかりと

⑤ 仕上げ＆焼く
オーブンの予熱が終わったら、210℃で13分焼く。

こんな食べ方も！

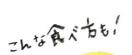

目玉焼きを合わせて朝食に
フォークで2つに裂いて、ハムや卵など好きな具をはさめば、朝食にぴったりのボリュームサンドに！

極ふわごまパン
プレーン&チーズ

黒ごまは米粉パンとの相性が抜群！
ひとつの生地で2つの味が楽しめるのが嬉しい。

焼き時間
220℃
12分

材料（プレーン、チーズ 各3個分）

A | 米粉（パン用）…200g
　| いりごま（黒）…20g
　| ドライイースト…3g
　| 砂糖…10g
　| 塩…3.5g
　| サイリウム…7g

ぬるま湯（37℃前後）…210g
植物油（クセのないもの）…10g
ピザ用チーズ（室温に戻す）…30g

植物油（作業用・仕上げ用）…適量

作り方

1 混ぜる

ボウルにAを入れ、スケッパーで1分ほど混ぜる。ぬるま湯、油を加え、スケッパーで4〜5分よく混ぜる。

2 分割

スケッパーを使い、生地を6等分する。

3 成形

手に油をつけて、生地をまとめるように10回ほどにぎったら、両手でキャッチボールして空気を抜き、手のひらでコロコロと転がしてまるめる。3個はそのままクッキングシートを敷いた天板に並べる。残りの3個は、直径9cmの円形に手で伸ばして中央にチーズをのせて包み（a）、とじ目を下にして並べる。

1個につき1分かけて表面をつるぴかに！

4 発酵

ふんわりとラップをして濡れ布巾をかけ、オーブンの発酵機能40℃で10〜12分発酵させる。取り出してオーブンを220℃に予熱する。

少しふっくらするくらいが目安

5 仕上げ&焼く

オーブンの予熱が終わったら、生地に刷毛でまんべんなく油を塗り、チーズを包んだ3個はキッチンバサミで十文字に切り目を入れる。写真を参考に、横に1回切ったら、中心から端に向かってもう2回切る（b）。220℃のオーブンで12分焼く。

くるみパン

ほんのりした甘さとくるみの食感があとを引く!
何個も食べたくなる自信作です。

焼き時間
220℃
12分

材料（6個分）

A ｜ 米粉（パン用）…200g
　｜ ドライイースト…3g
　｜ 砂糖…30g
　｜ 塩…4g
　｜ サイリウム…7g
ぬるま湯（37℃前後）…105g
豆乳（無調整・37℃前後）…105g
植物油（クセのないもの）…10g
くるみ（素焼き）…60g

植物油（作業用）…適量
有塩バター（溶かす／仕上げ用）…適量

【下準備】
・くるみは細かく砕いておく。生のくるみを使う場合は、170℃のオーブンで予熱なしで10分焼いて砕く。

作り方

1 混ぜる
ボウルにAを入れ、スケッパーで1分ほど混ぜる。ぬるま湯、豆乳、油を加え、スケッパーで4〜5分よく混ぜる。くるみを加えて全体に混ぜ込む（a）。

2 分割
スケッパーを使い、生地を6等分する。

3 成形
手に油をつけて、生地をまとめるように10回ほどにぎったら、両手でキャッチボールして空気を抜き、手のひらでコロコロと転がしてまるめる。クッキングシートを敷いた天板に並べる。

> 1個につき1分かけて表面をつるぴかに！

4 発酵
ふんわりとラップをして濡れ布巾をかけ、オーブンの発酵機能40℃で10〜12分発酵させる。取り出してオーブンを220℃に予熱する。

> 少しふっくらするくらいが目安

5 仕上げ&焼く
オーブンの予熱が終わったら、生地に刷毛でまんべんなく溶かしたバターを塗る。220℃のオーブンで12分焼く。

基本のカンパーニュ
作り方はP.34

Camp

フルーツカンパーニュ
作り方はP.35

agne

基本の！カンパーニュ

人気のカンパーニュに米粉で挑戦！クープは深めがかっこいい。

材料
（直径12.5×深さ8cmのボウル1個分）

A ┃ 米粉（パン用）…200g
　┃ ドライイースト…5g
　┃ 砂糖…10g
　┃ 塩…3g
　┃ サイリウム…7g

ぬるま湯（37℃前後）…105g
豆乳（無調整・37℃前後）…105g
植物油（クセのないもの）…10g

植物油（作業用・仕上げ用）…適量
米粉（下準備・仕上げ用）…適量

作り方

① 混ぜる

最初の1分は、米粉に水分を吸わせるように手早く

まとまってきたら、ボウルに生地をすりつけてはまとめるのを繰り返す

ボウルにAを入れ、スケッパーで1分ほど混ぜる。

ぬるま湯、豆乳、油を加え、スケッパーで4〜5分よく混ぜる。

② 成形

1分かけて表面をつるぴかに！

手に油をつけて、生地をまとめるように10回ほどにぎったら、両手でキャッチボールして空気を抜き、手のひらでコロコロと転がしてまるめる。

④ 仕上げ&焼く

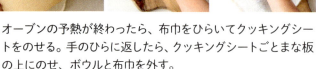

オーブンの予熱が終わったら、布巾をひらいてクッキングシートをのせる。手のひらに返したら、クッキングシートごとまな板の上にのせ、ボウルと布巾を外す。

隠しクープは、ナイフを横にして削ぐように入れクープをひらきやすく

生地に米粉をふり、縦に1本、端から中心に向かって2本クープを入れる。クープの側面8か所にも切り込み（隠しクープ）を入れ、切れ目に油をたらす。

> お椀でもOK！
> ボウルと同じくらいの大きさのものならお椀でもなんでも大丈夫。家にあるもので作ってみて

焼き時間
250℃ 20分

【下準備】
・型にするボウルに乾いた布巾をかぶせ、茶こしなどで米粉をたっぷりふっておく。

③ 発酵

発酵前
発酵後

はみ出るくらいしっかりと！

きれいな面を下にして、下準備したボウルに入れ、布巾の四隅をかぶせる。

<mark>オーブンの発酵機能40℃で15分発酵させ</mark>てボウルごと取り出す。オーブンに天板を裏返しにした状態で入れ、250℃に予熱する。

> 天板も加熱すると焼く際に庫内の温度が下がりにくい

> 裏返した天板だと入れるときにスムーズ

まな板から滑らせて天板にのせ、<mark>250℃のオーブンで20分</mark>焼く。

フルーツカンパーニュ

ドライフルーツをたっぷり入れて、見た目も味もグレードアップ！

焼き時間
250℃ 20分

材料（直径12.5×深さ8cmのボウル1個分）

A｜ 米粉（パン用）…200g
　　ドライイースト…5g
　　砂糖…7g
　　塩…3g
　　サイリウム…7g

ぬるま湯（37℃前後）…210g
植物油（クセのないもの）…10g
ミックスドライフルーツ…70g
植物油（作業用・仕上げ用）…適量
米粉（下準備・仕上げ用）…適量

【下準備】
・ミックスドライフルーツはさっと湯で洗い、水気をペーパータオルでしっかりふきとる。

作り方

① 混ぜる

ボウルにAを入れ、<mark>スケッパーで1分ほど混ぜる</mark>。ぬるま湯、油を加え、<mark>スケッパーで4〜5分よく混ぜる</mark>。ミックスドライフルーツを加えて混ぜ込む（a）。

② 成形

手に油をつけて、生地をまとめるように10回ほどにぎったら、両手でキャッチボールして空気を抜き、手のひらでコロコロと転がしてまるめる。きれいな面を下にして、下準備したボウルに入れ、布巾の四隅をかぶせる。

③ 発酵

<mark>オーブンの発酵機能40℃で15分発酵させて</mark>ボウルごと取り出す。オーブンに天板を裏返しにした状態で入れ、250℃に予熱する。

④ 仕上げ&焼く

オーブンの予熱が終わったら、布巾をひらいてクッキングシートをのせる。手のひらに返したら、クッキングシートごとまな板の上にのせ、ボウルと布巾を外す。生地に米粉をふり、縦に1本、端から中心に向かって2本クープを入れる。クープの側面8か所にも切り込み（隠しクープ）を入れ、切れ目に油をたらす。<mark>250℃のオーブンで20分焼く</mark>。

35

まるパン
Arrange

パウンド型を使って **食パンも!**

生地をまるめて型につめて焼くだけで、
お店みたいな食パンもできちゃいます!
焼き立てをナイフで切るとねっちょりしてしまうので、
しっかりと冷めてからカットして。

まるパン
3つで！
超シンプル食パン

焼き時間
200℃
24分

油入りのしっとり生地で作る基本の山形食パン。
ちょっと小さめの食べきりサイズがかわいいです。

材料（18×8.5×高さ6cmのパウンド型1台分）

A | 米粉（パン用）…230g
　 | ドライイースト…5g
　 | 砂糖…11g
　 | 塩…3.5g
　 | サイリウム…8g

ぬるま湯（37℃前後）…240g
植物油（クセのないもの）…12g

植物油（作業用・仕上げ用）
　…適量

【下準備】
・パウンド型にクッキングシートを敷く。

作り方

1 混ぜる

ボウルにAを入れ、スケッパーで1分ほど混ぜる。ぬるま湯、油を加え、スケッパーで4〜5分よく混ぜる。

2 分割

スケッパーを使い、生地を3等分する。

3 成形

手に油をつけて、生地をまとめるように10回ほどにぎったら、両手でキャッチボールして空気を抜き、手のひらでコロコロと転がしてまるめる。クッキングシートを敷いた型に入れ（a）、少し押さえて型の底に隙間なく生地を入れ込む（b）。

1個につき1分かけて表面をつるぴかに！

a

b

4 発酵

ふんわりとラップをして濡れ布巾をかけ、オーブンの発酵機能40℃で15分発酵させる。取り出したら、オーブンに天板を入れて200℃に予熱する。

天板も加熱すると焼く際に庫内の温度が下がりにくい

発酵前

発酵後

型から2cmほど出たら発酵完了

5 仕上げ&焼く

オーブンの予熱が終わったら、生地に刷毛でまんべんなく油を塗る。200℃のオーブンで24分焼く。

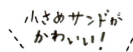
小さめサンドがかわいい！

37

\ まるパンArrange /

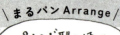

まるパン
3つで！
ふわしっとり
レーズン食パン

人気のレーズンパンはふわふわしっとりが信条です。
トーストしてももちろん美味！

まるパン
3つで！
塩バター香る
さつまいも食パン

黒ごま×さつまいものコラボが実現。
優しいさつまいもの甘みと塩バター風味にやみつきです。

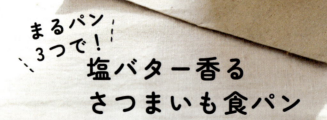

ふわしっとり レーズン食パン

材料（18×8.5×高さ6cmのパウンド型1台分）

- A
  - 米粉（パン用）…215g
  - 片栗粉…15g
  - ドライイースト…5g
  - 砂糖…15g
  - 塩…3.5g
  - サイリウム…8g
- ぬるま湯（37℃前後）…125g
- 豆乳（無調整・37℃前後）…110g
- 植物油（クセのないもの）…12g
- レーズン…45g
- 植物油（作業用・仕上げ用）…適量

【下準備】
・パウンド型にクッキングシートを敷く。
・レーズンはさっと湯で洗い、水気をペーパータオルでしっかりふきとる。

塩バター香る さつまいも食パン

材料（18×8.5×高さ6cmのパウンド型1台分）

- A
  - 米粉（パン用）…230g
  - いりごま（黒）…10g
  - ドライイースト…5g
  - 砂糖…11g
  - 塩…3.5g
  - サイリウム…8g
- ぬるま湯（37℃前後）…240g
- 無塩バター（溶かす）…12g
- さつまいもの甘煮（下記参照）…全量
- 植物油（作業用）…適量
- 無塩バター（溶かす/仕上げ用）…適量
- 岩塩（仕上げ用）…適量

【下準備】
・パウンド型にクッキングシートを敷く。

--- **さつまいもの甘煮** ---

さつまいも75gは皮ごと5mm角に切り、水にさらして水気をきる。耐熱容器に入れて砂糖7gをまぶして混ぜ、ふんわりとラップをかけて電子レンジ（600W）で2分ほど、食べられるかたさまで加熱する。水分が残ったら鍋に入れて火にかけ水気を飛ばし、冷ます。

焼き時間 **200℃ 24分**

作り方（共通）

1 混ぜる

ボウルにAを入れ、スケッパーで1分ほど混ぜる。
【レーズン食パン】ぬるま湯、豆乳、油を加え、スケッパーで4〜5分よく混ぜる。レーズンを加え、全体に混ぜ込む。
【さつまいも食パン】ぬるま湯、溶かしたバターを加え、スケッパーで4〜5分よく混ぜる。さつまいもの甘煮を加え、全体に混ぜ込む。

2 分割

スケッパーを使い、生地を3等分する。

3 成形

手に油をつけて、生地をまとめるように10回ほどにぎったら、両手でキャッチボールして空気を抜き、手のひらでコロコロと転がしてまるめる。クッキングシートを敷いた型に入れ、少し押さえて型の底に隙間なく生地を入れ込む（P.37参照）。

> 1個につき1分かけて表面をつるぴかに！

4 発酵

ふんわりとラップをして濡れ布巾をかけ、オーブンの発酵機能40℃で15分発酵させる。取り出したら、オーブンに天板を入れて200℃に予熱する。

5 仕上げ＆焼く

オーブンの予熱が終わったら、
【レーズン食パン】生地に刷毛でまんべんなく油を塗る。
【さつまいも食パン】生地に刷毛でまんべんなく溶かしたバターを塗って岩塩をふる。
200℃のオーブンで24分焼く。

発酵前

↓
発酵後

型から2cmほど出たら発酵完了

\ まるパン Arrange /

パウンド型を使って **食パンも!**

モンキーブレッド

甘ーいカラメルをからめた小さなまるい生地がぎっしり!
ちぎりながらパクパク食べちゃう! 止まらないおいしさです。

焼き時間
210℃ 20分 + 210℃ 5分

材料（18×8.5×高さ6cmのパウンド型1台分）

A | 米粉（パン用）…230g
  | ドライイースト…5g
  | 砂糖…15g
  | 塩…3.5g
  | サイリウム…7g

ぬるま湯（37℃前後）…120g
豆乳（無調整・37℃前後）…65g
溶き卵…15g
無塩バター（溶かす）…25g
カラメルの素（下記参照）…全量
くるみ（素焼き）…30g

植物油（作業用）…適量

【下準備】
・パウンド型にクッキングシートを敷く。
・くるみは細かく砕いておく。生のくるみを使う場合は、170℃のオーブンで予熱なしで10分焼いて砕く。

カラメルの素
材料
砂糖…40g
熱湯…20g
無塩バター…30g
塩…ひとつまみ

作り方
耐熱ボウルに砂糖を入れ、熱湯を加えて溶かす。細かく切ったバターと塩を加えたら、バターが溶けきるまでよく混ぜ（バターが溶けない場合は湯煎する）、冷ましておく。
※本書ではきび砂糖を使用。

作り方

1 混ぜる
ボウルにAを入れ、スケッパーで1分ほど混ぜる。ぬるま湯、豆乳、溶き卵、溶かしたバターを加え、スケッパーで4〜5分よく混ぜる。

2 分割
スケッパーを使い、生地を24等分する。

3 成形
手に油をつけて、生地をきれいにまるめる。型の底面にくるみの1/3量を広げ入れ、生地12個をカラメルの素にくぐらせてから1段目を並べる（a）。さらにくるみ1/3量を入れ、残りの12個の生地をカラメルの素にくぐらせて2段目を並べる。最後に残りのくるみをのせ、少し押さえる（b）。残ったカラメルの素は仕上げで使うのでとっておく。

クッキングシートを敷くのを忘れずに！

4 発酵
ふんわりとラップをして濡れ布巾をかけ、オーブンの発酵機能40℃で15分発酵させる。取り出したら、オーブンに天板を入れて210℃に予熱する。

型のフチまでふくらんだら発酵完了

5 仕上げ&焼く
オーブンの予熱が終わったら、残ったカラメルの素の半量を刷毛で表面にまんべんなく塗る。210℃のオーブンで20分焼く。一度オーブンから取り出し、生地の上にクッキングシートをかぶせ、裏返し型を外す（c）。残りのカラメルの素を刷毛で上面と側面にまんべんなく塗り（d）、さらに210℃で5分焼く。

miniベーグル

世界一簡単な、まるベーグル！
ギュッとつまったもっちり食感が魅力です。

プレーン&チーズ

基本のシンプル味と香ばしいチーズ味が
ひとつの生地でできちゃいます！

焼き時間
220℃ 12分

材料（プレーン、チーズ各3個分）

- **A**
  - 米粉（パン用）…100g
  - ドライイースト…3g
  - 砂糖…5g
  - 塩…2g
  - サイリウム…3.5g
- ぬるま湯（37℃前後）…105g
- 植物油（クセのないもの）…5g
- **B**
  - 水…1ℓ
  - 砂糖またははちみつ…大さじ1
- ピザ用チーズ…6g
- 植物油（作業用・仕上げ用）…適量

作り方

1 混ぜる

ボウルにAを入れ、スケッパーで1分ほど混ぜる。ぬるま湯、油を加え、スケッパーで4〜5分よく混ぜる。

2 分割

スケッパーを使い、生地を6等分する。

3 成形

手に油をつけて、生地をまとめるように10回ほどにぎったら、両手でキャッチボールして空気を抜き、手のひらでコロコロと転がしてまるめる。クッキングシートを敷いた天板に並べる。

> 1個につき1分かけて表面をつるぴかに！

4 発酵

ふんわりとラップをして濡れ布巾をかけ、オーブンの発酵機能40℃で10〜12分発酵させる。取り出してオーブンを220℃に予熱する。予熱が終わる頃に鍋にBを入れて火にかけ、60℃に沸かす。

5 仕上げ&焼く

> 高温でゆでたり、ゆで時間が長いと生地が溶けてブヨブヨになるので注意！

オーブンの予熱が終わったら鍋の火を止め、生地の表を下にして湯に入れる（a）。15秒ゆでたら静かに返し、もう片面も15秒ゆでる。網じゃくしですくい上げて（b）水気をきり、生地の表が上になるようにして天板に戻す。すべての生地に刷毛でまんべんなく油を塗り、3個にはピザ用チーズをのせる（c）。220℃のオーブンで12分焼く。

miniベーグル ブルーベリー

冷凍のブルーベリーを使えば手軽！
クリームチーズがよく合います。

焼き時間
220℃
12分

材料（6個分）

- A
  - 米粉（パン用）…100g
  - ドライイースト…3g
  - 砂糖…5g
  - 塩…1.5g
  - サイリウム…3.5g
- ブルーベリー（冷凍）…30g
- 熱湯…80g
- 植物油（クセのないもの）…10g
- クリームチーズ（室温に戻す）…30g
- B
  - 水…1ℓ
  - 砂糖またははちみつ…大さじ1
- 植物油（作業用・仕上げ用）…適量

【下準備】

・ボウルに冷凍ブルーベリーを入れて熱湯を注ぎ、37℃前後まで冷ます。

作り方

1 混ぜる

ボウルにAを入れ、スケッパーで1分ほど混ぜる。ブルーベリーを汁ごと加え（a）、油も入れて、スケッパーで4〜5分よく混ぜる。ブルーベリーがつぶれない場合は手を使ってしっかり混ぜる。

> 生地がベトベトのときは、米粉小さじ¼（分量外）をたして調整を！

a

2 分割

スケッパーを使い、生地を6等分する。

3 成形

手に油をつけて、生地をまとめるように10回ほどにぎったら、両手でキャッチボールして空気を抜き、手のひらでコロコロと転がしてまるめる。直径7cmの円形に手で伸ばしてクリームチーズを包み（b）、とじ目を下にしてクッキングシートを敷いた天板に並べる。

> 1個につき1分かけて表面をつるぴかに！

b

4 発酵

ふんわりとラップをして濡れ布巾をかけ、オーブンの発酵機能40℃で10〜12分発酵させる。取り出してオーブンを220℃に予熱する。予熱が終わる頃に鍋にBを入れて火にかけ、60℃に沸かす。

> 少しふっくらするくらいが目安

5 仕上げ&焼く

オーブンの予熱が終わったら鍋の火を止め、生地の表を下にして入れる。15秒したら静かに返し、もう片面も15秒ゆでる。湯から取り出し、天板に戻す（P.43参照）。生地に刷毛でまんべんなく油を塗ったら、220℃のオーブンで12分焼く。

> 高温でゆでたり、ゆで時間が長いと生地が溶けてブヨブヨになるので注意！

miniベーグル かぼちゃ

ほんのり甘いかぼちゃ生地に
甘納豆をしのばせました。

焼き時間
220℃
12分

材料（6個分）

A｜米粉（パン用）…100g
　｜ドライイースト…3g
　｜砂糖…10g
　｜塩…1.5g
　｜サイリウム…3.5g
かぼちゃ…20g
ぬるま湯（37℃前後）
　…100〜110g
※かぼちゃの種類によって生地のかたさが変わる。生地をつまんで指につかないときは、水の量を調整する。
植物油（クセのないもの）…10g
甘納豆…30g
B｜水…1ℓ
　｜砂糖またははちみつ…大さじ1
パンプキンシード…適量

植物油（作業用・仕上げ用）…適量

【下準備】
・耐熱容器に皮をむいたかぼちゃを入れ、ふんわりとラップをかけて電子レンジ（600W）で1分ほど加熱する。ペースト状になるまでしっかりとつぶす。

作り方

1 混ぜる
ボウルにAを入れ、スケッパーで1分ほどよく混ぜる。かぼちゃ（a）、ぬるま湯、油を加え、スケッパーで4〜5分よく混ぜる。

2 分割
スケッパーを使い、生地を6等分する。

1個につき1分かけて表面をつるぴかに！

3 成形
手に油をつけて、生地をまとめるように10回ほどにぎったら、両手でキャッチボールして空気を抜き、手のひらでコロコロと転がしてまるめる。直径7cmの円形に手で伸ばして甘納豆を包み（b）、とじ目を下にしてクッキングシートを敷いた天板に並べる。

4 発酵
ふんわりとラップをして濡れ布巾をかけ、オーブンの発酵機能40℃で10〜12分発酵させる。取り出してオーブンを220℃に予熱する。予熱が終わる頃に鍋にBを入れて火にかけ、60℃に沸かす。

少しふっくらするくらいが目安

5 仕上げ＆焼く
オーブンの予熱が終わったら鍋の火を止め、生地の表を下にして入れる。15秒したら静かに返し、もう片面も15秒ゆでる。湯から取り出し、天板に戻す（P.43参照）。生地に刷毛でまんべんなく油を塗ったら、パンプキンシードをのせ、220℃のオーブンで12分焼く。

高温でゆでたり、ゆで時間が長いと生地が溶けてブヨブヨになるので注意！

Column 2

具材の
混ぜ込み方&包み方

生地に好きな具材をプラスすれば、バリエーションは自由自在！
混ぜ込み方や包み方をマスターしましょう。

具材を**混ぜ込む**

生地ができ上がったら、コーンやチョコチップなどの具材を混ぜ込みます。スケッパーで切っては重ねるを繰り返し、まんべんなく混ぜ込むようにします。

↓

具材を**包む**

あんパンのあんこや肉まんの肉あんなどは、包みやすいように**1個分ずつまるめておく**のがおすすめ。生地を円形に広げて具材をのせ、下から優しく生地を寄せて包み、最後はとじ目をつまんでギュッとくっつけます。

↓

まるめられない具材を**包む**

チョコチップやジャムなどまるめることができないものも、等分に分けておき、同様に包みます。クリームは流れやすいので、**生地を少し大きな円形に広げ**、手のひらを上手に使ってこぼれないように包みましょう。

ごちそう感たっぷり
お惣菜パン

ソーセージにカレーにチーズ……、
人気のおかずがパンと合体！
ランチや軽食にぴったりな、
お店みたいなパンがそろいました。
あれもこれも作りたくなること間違いなし。
さあ、どれから作ってみる？

パリトロWチーズ

中にはとろ〜り、外側にはパリパリのチーズ！
チーズ好きにはたまらない。おつまみにもぴったりです。

焼き時間
220℃
13分

材料（6個分）

A | 米粉（パン用）…200g
　| 片栗粉…20g
　| ドライイースト…3g
　| 砂糖…5g
　| 塩…3g
　| サイリウム…6g
ぬるま湯（37℃前後）…215g
ピザ用チーズ…60g
プロセスチーズ（角切り・室温に戻す）…42g
植物油（作業用・仕上げ用）…適量

【下準備】
・天板にクッキングシートを敷き、ピザ用チーズを6等分にして並べる。

作り方

① 混ぜる
ボウルにAを入れ、スケッパーで1分ほど混ぜる。ぬるま湯を加え、スケッパーで4〜5分よく混ぜる。

② 分割
スケッパーを使い、生地を6等分する。

③ 成形
手に油をつけて、生地をまとめるように10回ほどにぎったら、両手でキャッチボールして空気を抜き、手のひらでコロコロと転がしてまるめる。直径8cmの円形に手で伸ばし、中央にプロセスチーズをのせて包み（**a**）、とじ目を下にしてクッキングシートに並べたピザ用チーズの上にのせる（**b**）。

1個につき1分かけて表面をつるぴかに！

④ 発酵
ふんわりとラップをして濡れ布巾をかけ、オーブンの発酵機能40℃で10〜12分発酵させる。取り出してオーブンを220℃に予熱する。

発酵不足は焼いたとき割れやすいのでしっかりと

⑤ 仕上げ&焼く
オーブンの予熱が終わったら、生地に刷毛でまんべんなく油を塗る。220℃のオーブンで13分焼く。

チーズのパリパリ感がたまらない！

スパイシーソーセージ

ちょっぴりハードな生地で食べ応え満点！
こしょうが入ったパンチのある味は大人も満足。

焼き時間
230°C
12分

材料（8個分）

A｜米粉（パン用）…200g
　｜粗びき黒こしょう…2.5g
　｜ドライイースト…3g
　｜砂糖…5g
　｜塩…4g
　｜サイリウム…7g
ぬるま湯（37℃前後）…220g
ウインナーソーセージ
　（室温に戻す）…8本
トマトケチャップ…適量
粗びき黒こしょう…適量

植物油（作業用・仕上げ用）…適量

作り方

1 混ぜる
ボウルにAを入れ、スケッパーで1分ほど混ぜる。ぬるま湯を加え、スケッパーで4～5分よく混ぜる。

2 分割
スケッパーを使い、生地を8等分する。

3 成形
手に油をつけて、生地をまとめるように10回ほどにぎったら、両手でキャッチボールして空気を抜き、手のひらでコロコロと転がしてまるめる。15cm長さの棒状に両手で伸ばし（a）、端と端をくっつけてO字形にする（b）。中心の穴の部分にソーセージをのせ（c）、クッキングシートを敷いた天板に並べる。

1個につき1分かけて表面をつるぴかに！

a

b

4 発酵
ふんわりとラップをして濡れ布巾をかけ、オーブンの発酵機能40℃で10～12分発酵させる。取り出してオーブンを230℃に予熱する。

少しふっくらするくらいが目安

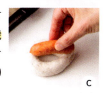

c

5 仕上げ&焼く
オーブンの予熱が終わったら、生地に刷毛でまんべんなく油を塗ってケチャップをかけ、こしょうをふる。230℃のオーブンで12分焼く。

Onion

まるで玉ねぎパン

炒めた玉ねぎの甘みとうま味が食欲をそそる！
ごろんと大きな玉ねぎの形に仕上げます。

焼き時間
230℃ 10分 ＋ 210℃ 10分

材料（2個分）

A ｜ 米粉（パン用）…200g
　｜ 片栗粉…20g
　｜ ドライイースト…3g
　｜ 砂糖…10g
　｜ 塩…3g
　｜ サイリウム…6g
ぬるま湯（37℃前後）…215g
玉ねぎ…100g

植物油（作業用）…適量
米粉（仕上げ用）…適量

【下準備】
・玉ねぎは薄切りにし、油をひいたフライパンでよく炒めて冷ましておく。

作り方

1 混ぜる
ボウルにAを入れ、スケッパーで1分ほど混ぜる。ぬるま湯を加え、スケッパーで4〜5分よく混ぜる。炒めた玉ねぎを加えて全体に混ぜ込む（a）。

2 分割
スケッパーを使い、生地を2等分する。

3 成形
手に油をつけて、生地をまとめるように10回ほどにぎったら、両手でキャッチボールして空気を抜き、手のひらでコロコロと転がしてまるめる。クッキングシートを敷いた天板に並べる。

1個につき1分かけて表面をつるぴかに！

なるべく玉ねぎが表面に出ないようにまるめて

4 発酵
ふんわりとラップをして濡れ布巾をかけ、オーブンの発酵機能40℃で13〜15分発酵させる。取り出してオーブンを230℃に予熱する。

発酵はしっかりめに！

5 仕上げ＆焼く
オーブンの予熱が終わったら、米粉をふり、キッチンバサミで7か所切り目を入れる（b）。右図を参考に、縦に1回切ったら、中心から端に向かって数字の順に切る。230℃のオーブンで10分、さらに210℃で10分焼く。

切り目の入れ方

ほうれん草チーズパン

生のほうれん草をそのまま混ぜ込むのがポイント。
ダブルのチーズでリッチに仕上げます。焼き立てをどうぞ！

焼き時間
200℃ 17分

材料（2個分）

A ｜ 米粉（パン用）…200g
　｜ ドライイースト…3g
　｜ 砂糖…5g
　｜ 塩…3g
　｜ サイリウム…7g
ぬるま湯（37℃前後）…215g
ほうれん草…50g
プロセスチーズ（角切り・室温に戻す）…50g
ピザ用チーズ…14g

植物油（作業用・仕上げ用）…適量

【下準備】
・ほうれん草はさっと水で洗い、水気をペーパータオルでしっかりふきとり、2cm長さに切る。

作り方

1 混ぜる

ボウルにAを入れ、スケッパーで1分ほど混ぜる。ぬるま湯を加え、スケッパーで4〜5分よく混ぜる。ほうれん草と角切りチーズを全体に混ぜ込む（a）。

2 分割

スケッパーを使い、生地を2等分する。

3 成形

手に油をつけて、生地をまとめるように10回ほどにぎったら、両手でキャッチボールして空気を抜き、手のひらでコロコロと転がしてまるめる。クッキングシートを敷いた天板に並べる。

> 1個につき1分かけて表面をつるぴかに！

> なるべくチーズが表面に出ないようにまるめて

4 発酵

ふんわりとラップをして濡れ布巾をかけ、オーブンの発酵機能40℃で13〜15分発酵させる。取り出してオーブンを200℃に予熱する。

> 発酵はしっかりめに！

5 仕上げ&焼く

オーブンの予熱が終わったら、生地に刷毛でまんべんなく油を塗り、ピザ用チーズをのせる（b）。200℃のオーブンで17分焼く。

ツナマヨ

ホントおにぎり
ツナマヨ&おかかチーズ

まるくころんとした形がかわいい、
おにぎりみたいな米粉パン。
人気のツナマヨとおかかチーズを包みます。

材料（ツナマヨ、おかかチーズ 各3個分）

A 米粉（パン用）…200g
　片栗粉…20g
　ドライイースト…3g
　砂糖…5g
　塩…3.5g
　サイリウム…4g
ぬるま湯（37℃前後）…200g
ごま油…10g

ツナマヨ
　ツナ缶（ノンオイル・
　　水気をきる）…1缶（70g）
　マヨネーズ…12g
　みそ…小さじ⅛

おかかチーズ
　かつお節…6g
　しょうゆ…小さじ¾
　ピザ用チーズ…21g
焼きのり（5×6cm）…6枚
いりごま（黒）…適量

植物油（作業用・仕上げ用）…適量

【下準備】
・ツナマヨは材料をすべて混ぜ合わせおく。おかかチーズのかつお節としょうゆを混ぜておく。
・焼きのりは切っておく。

焼き時間
**150℃
20分**

56

作り方

1 混ぜる
ボウルにAを入れ、スケッパーで1分ほど混ぜる。ぬるま湯、ごま油を加え、スケッパーで4〜5分よく混ぜる。

2 分割
スケッパーを使い、生地を6等分する。

3 成形
手に油をつけて、生地をまとめるように10回ほどにぎったら、両手でキャッチボールして空気を抜き、手のひらでコロコロと転がしてまるめる。直径10cmの円形に手で伸ばし、3個は中央にツナマヨをのせ、残りは中央にチーズ、おかかを順にのせて(a)包む。とじ目を下にしてクッキングシートを敷いた天板に並べる。焼きのりを巻き(b)、おかかチーズにはいりごまをつける。

1個につき1分かけて表面をつるぴかに！

4 発酵
ふんわりとラップをして濡れ布巾をかけ、オーブンの発酵機能40℃で10〜12分発酵させる。取り出してオーブンを150℃に予熱する。

発酵不足は焼いたとき割れやすいのでしっかりと

5 仕上げ&焼く
オーブンの予熱が終わったら、生地に刷毛でまんべんなく油を塗る。150℃のオーブンで20分焼く。

おかかチーズ

BIGたこ焼きパン

見た目はまるでたこ焼き!?
さらに中にはたこ焼きがまるごと1個。
見た目のインパクトとおいしさで子どもも大喜び。

材料（8個分）

- A
  - 米粉（パン用）…200g
  - 片栗粉…20g
  - 青のり…2g
  - ドライイースト…3g
  - 砂糖…5g
  - 塩…3g
  - サイリウム…4g
- ぬるま湯（37℃前後）…210g
- 冷凍たこ焼き（解凍して室温に戻す）…8個
- たこ焼き用ソース、マヨネーズ、紅生姜、かつお節、青のりなど（好みで）…各適量
- 植物油（作業用・仕上げ用）…適量

焼き時間 **210℃ 12分**

作り方

1 混ぜる

ボウルにAを入れ、スケッパーで1分ほど混ぜる。ぬるま湯を加えて、スケッパーで4〜5分よく混ぜる。

2 分割

スケッパーを使い、生地を8等分する。

3 成形

手に油をつけて、生地をまとめるように10回ほどにぎったら、両手でキャッチボールして空気を抜き、手のひらでコロコロと転がしてまるめる。直径8cmの円形に手で伸ばし、中央にたこ焼きをのせて包む(a)。とじ目を下にしてクッキングシートを敷いた天板に並べる。

1個につき1分かけて表面をつるぴかに！

4 発酵

ふんわりとラップをして濡れ布巾をかけ、オーブンの発酵機能40℃で10〜12分発酵させる。取り出してオーブンを210℃に予熱する。

少しふっくらするくらいが目安

5 仕上げ&焼く

オーブンの予熱が終わったら、生地に刷毛でまんべんなく油を塗る。210℃のオーブンで12分焼く。少し冷めたら、好みでソースやマヨネーズなどをトッピングする。

塩バターコーンパン

仕上げにのせるバターでリッチな味わいに。
パラリとのせた塩の粒がコーンに合います。

焼き時間
210℃
12分

材料（6個分）

A | 米粉（パン用）…200g
　| ドライイースト…3g
　| 砂糖…10g
　| 塩…3g
　| サイリウム…7g

ぬるま湯（37℃前後）…210g
無塩バター（溶かす）…10g
コーン缶（ホール）…60g

植物油（作業用・仕上げ用）…適量
無塩バター（仕上げ用）…18g
塩（仕上げ用）…適量

【下準備】
・コーンは水気をペーパータオルでしっかりふきとる。
・仕上げ用のバター18gは、3g×6個の角切りにして冷蔵庫に入れておく。

作り方

① 混ぜる

ボウルにAを入れ、スケッパーで1分ほど混ぜる。ぬるま湯、溶かしたバターを加え、スケッパーで4〜5分よく混ぜる。コーンを加えて全体に混ぜ込む（a）。

② 分割

スケッパーを使い、生地を6等分する。

③ 成形

手に油をつけて、生地をまとめるように10回ほどにぎったら、両手でキャッチボールして空気を抜き、手のひらでコロコロと転がしてまるめる。クッキングシートを敷いた天板に並べる。

1個につき1分かけて表面をつるぴかに！

④ 発酵

ふんわりとラップをして濡れ布巾をかけ、オーブンの発酵機能40℃で10〜12分発酵させる。取り出してオーブンを210℃に予熱する。

少しふっくらするくらいが目安

⑤ 仕上げ&焼く

オーブンの予熱が終わったら、生地に刷毛でまんべんなく油を塗り、キッチンバサミで十文字に切り目を入れる。写真を参考に、横に1回切ったら、中心から端に向かってもう2回切る（b）。中心にバターをのせ、塩をふる（c）。210℃のオーブンで12分焼く。

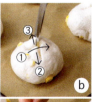

ポップちぎりパン

どれから食べるか選ぶのも楽しいリングパン。
具材に決まりはなし！ なんでも好きなもの入れちゃおー！

焼き時間
190℃
15分

材料（1個分・天板1枚分）

A | 米粉（パン用）…200g
　| 片栗粉…20g
　| ドライイースト…3g
　| 砂糖…15g
　| 塩…3g
　| サイリウム…5g

ぬるま湯（37℃前後）…200g
植物油（クセのないもの）…10g

B | いりごま（黒）…3g
　| プロセスチーズ（角切り）…13g
　| 青のり…0.5g
　| くるみ（素焼き）…10g
　| チョコチップ…10g
　| ドライクランベリー…10g
　| コーン缶（ホール）…10g

植物油（作業用・仕上げ用）…適量

【下準備】

・コーンは水気をペーパータオルでしっかりふきとる。
・ドライクランベリーはさっと湯で洗い、水気をペーパータオルでしっかりふきとる。
・くるみは細かく砕いておく。生のくるみを使う場合は、170℃のオーブンで予熱なしで10分焼いて砕く。

作り方

1 混ぜる

ボウルにAを入れ、スケッパーで1分ほど混ぜる。ぬるま湯、油を加え、スケッパーで4〜5分よく混ぜる。

2 分割

スケッパーを使い、生地を7等分する。それぞれにBの具材を1種類ずつ手でまんべんなく混ぜ込む（a）。

3 成形

手に油をつけて、生地をまとめるように10回ほどにぎったら、両手でキャッチボールして空気を抜き、手のひらでコロコロと転がしてまるめる。クッキングシートを敷いた天板に輪になるように並べる（b）。

1個につき1分かけて表面をつるぴかに！

4 発酵

ふんわりとラップをして濡れ布巾をかけ、オーブンの発酵機能40℃で10〜12分発酵させる。取り出してオーブンを190℃に予熱する。

発酵不足は焼いたとき割れやすいのでしっかりと

5 仕上げ&焼く

オーブンの予熱が終わったら、生地に刷毛でまんべんなく油を塗る。190℃のオーブンで15分焼く。

カレーライス

焼き時間
**220℃
13分**

カレーパンならぬ、カレーライスパン！
水分を飛ばした好みのカレーでもOKです。

材料（6個分）

A｜米粉（パン用）…200g
　｜片栗粉…20g
　｜カレーパウダー…3g
　｜ドライイースト…3g
　｜砂糖…5g
　｜塩…3g
　｜サイリウム…4g
ぬるま湯（37℃前後）…210g
キーマカレー（下記参照）
　…全量（約300g）
ピザ用チーズ…適量
ミニトマト（半分に切る）…9個
パセリ（みじん切り）…適量
植物油（作業用・仕上げ用）
　…適量

【下準備】

キーマカレー

材料
合いびき肉…150g
玉ねぎ（みじん切り）
　…1個
トマト（1cm角切り）…1個
カレールウ（細かく切る）…20g
植物油…適量
塩、こしょう…各適量

作り方
フライパンに油をひいて玉ねぎを炒め、しんなりしてきたら、合いびき肉を加えてさらに炒める。肉の色が変わったら、トマトを入れてつぶしながら炒める。火を止めてルウを入れたら、再び火にかけこがさないようにしながら汁気がなくなるまで炒める。最後に塩、こしょうで味を調え、冷ましておく。

作り方

① 混ぜる
ボウルにAを入れ、スケッパーで1分ほど混ぜる。ぬるま湯を加え、スケッパーで4〜5分よく混ぜる。

② 分割
スケッパーを使い、生地を6等分する。

③ 成形
手に油をつけて、生地をまとめるように10回ほどにぎったら、両手でキャッチボールして空気を抜き、手のひらでコロコロと転がしてまるめる。クッキングシートを敷いた天板の上で、直径9cmの円形に手で伸ばしてフチを作る（a）。

1個につき1分かけて表面をつるぴかに！

④ 発酵
ふんわりとラップをして濡れ布巾をかけ、オーブンの発酵機能40℃で10〜12分発酵させる。取り出してオーブンを220℃に予熱する。

少しふっくらするくらいが目安

⑤ 仕上げ＆焼く
オーブンの予熱が終わったら、生地のフチに刷毛で油を塗り、中央にフォークなどで穴をあける（b）。カレー、ピザ用チーズ、ミニトマトをのせる（c）。220℃のオーブンで13分焼く。仕上げにパセリを散らす。

ひじき&きんぴらパン

ご飯がすすむおなじみのお惣菜は、
もちろん米粉とも相性ぴったり！

焼き時間
**210℃
13分**

材料（ひじき、きんぴら 各3個分）

A | 米粉（パン用）…200g
  | 片栗粉…20g
  | ドライイースト…3g
  | 砂糖…10g
  | 塩…3.5g
  | サイリウム…4g

ぬるま湯（37℃前後）…200g
植物油（クセのないもの）…10g
ひじきの煮物（市販品）…適量
きんぴら（市販品）…適量

※ひじきの煮物ときんぴらは、いずれも1個あたり大さじ3程度

いりごま（白）、マヨネーズ、
　　ピザ用チーズ…各適量

植物油（作業用・仕上げ用）…適量

【下準備】

・ひじきの煮物、きんぴらは冷蔵品の場合、常温に戻しておく。汁気が多い場合は、ペーパータオルでしっかりふきとる。

作り方

1 混ぜる

ボウルにAを入れ、スケッパーで1分ほど混ぜる。ぬるま湯、油を加え、スケッパーで4〜5分よく混ぜる。

2 分割

スケッパーを使い、生地を6等分する。

3 成形

手に油をつけて、生地をまとめるように10回ほどにぎったら、両手でキャッチボールして空気を抜き、手のひらでコロコロと転がしてまるめる。クッキングシートを敷いた天板の上で、直径9cmの円形に手で伸ばしてフチを作る（a）。

1個につき1分かけて表面をつるぴかに！

a

4 発酵

ふんわりとラップをして濡れ布巾をかけ、オーブンの発酵機能40℃で10〜12分発酵させる。取り出してオーブンを210℃に予熱する。

少しふっくらするくらいが目安

5 仕上げ&焼く

b

オーブンの予熱が終わったら、生地のフチに刷毛で油を塗り、中央にフォークなどで穴をあける（P.64参照）。3個にはひじきの煮物をのせ、中央にいりごまをのせたら、周りをマヨネーズで囲む。残りの3個にはきんぴら、ピザ用チーズをのせる（b）。210℃のオーブンで13分焼く。

67

照り焼きチキンロール＆
スモークチーズベーコンロール

好きな具材をのせてくるくる巻いたふんわりパン。
チキンとチーズベーコンの2種が一度に楽しめます！

焼き時間
210℃
15分

材料（照り焼きチキンロール、スモークチーズベーコンロール 各2個分）

A | 米粉（パン用）…200g
　| ドライイースト…3g
　| 砂糖…5g
　| 塩…3g
　| サイリウム…7g
ぬるま湯（37℃前後）…210g
植物油（クセのないもの）…15g
B | 照り焼きチキン（市販品）…40g
　| 玉ねぎ（薄切り）…30g
　| こしょう…適量（多め）
C | ブロックベーコン（角切り）…25g
　| スモークチーズ（薄切り）…25g
　| パセリ（みじん切り）…適量
こしょう…適量

植物油（作業用・仕上げ用）…適量

【下準備】
・照り焼きチキンは小さく切っておく。冷蔵品の場合、常温に戻しておく。

2種類の具材をのせて！

作り方

1 混ぜる
ボウルにAを入れ、スケッパーで1分ほど混ぜる。ぬるま湯、油を加え、スケッパーで4～5分よく混ぜる。

2 成形
手に油をつけて、生地をまとめるように10回ほどにぎったら、両手でキャッチボールして空気を抜き、手のひらでコロコロと転がしてまるめる。生地を縦27×横16cmにめん棒で伸ばし、B、Cを左右に半分ずつのせる。手前から巻き（**a**）、巻き終わりを下にして4等分に切る（**b**）。巻き終わりを軽く押さえてなじませ、きれいな断面を上にして、クッキングシートを敷いた天板に並べる。ふんわりとラップをして、焼き上がったときに倒れないように少し押さえる（**c**）。

1分かけて表面をつるぴかに！

3 発酵
濡れ布巾をかけ、オーブンの発酵機能40℃で13分発酵させる。取り出してオーブンを210℃に予熱する。

ふっくら大きくなるくらいが目安

4 仕上げ&焼く
オーブンの予熱が終わったら、生地に刷毛でまんべんなく油を塗り、照り焼きチキンにはこしょうをふる。210℃のオーブンで15分焼く。

まるパン Arrange

焼かずに蒸して！
蒸すまるパン

もっちり肉まん 作り方はP.72

オーブンで焼くだけじゃもったいない！
おなじみの中華まんや
ふんわり蒸しパンも作っちゃいます。

ピザ風チーズまん 作り方はP.73

\ まるパンArrange /

焼かずに蒸して！
蒸すまるパン

もっちり肉まん

蒸し時間
弱めの中火 17分

ジューシーな豚肉がたっぷりつまった、中華まん。
すりごま入りの生地でもっちりしつつも歯切れよく、あと引くおいしさ。

材料（6個分）

- A
  - 米粉（パン用）…200g
  - すりごま（白・または片栗粉）…20g
  - ドライイースト…3g
  - 砂糖…20g
  - 塩…3.5g
  - サイリウム…7g
- ぬるま湯（37℃前後）…210g
- 植物油（クセのないもの）…10g
- 肉あん（下記参照）…全量
- 植物油（作業用）…適量

【下準備】
・クッキングシートは11×11cmに切ったものを、6枚用意する。

肉あん

材料
- 豚ひき肉（室温に戻す）…200g
- 長ねぎ（みじん切り）…70g
- 米粉…6g
- ごま油…12g
- しょうゆ…6g
- 塩…3g

脂が多いと生地がふわっとしにくいので、赤身が多いものがおすすめ！

作り方
すべての材料を混ぜ合わせ、6等分してまるめておく。

作り方

1 混ぜる
ボウルにAを入れ、スケッパーで1分ほど混ぜる。ぬるま湯、油を加え、スケッパーで4〜5分よく混ぜる。

2 分割
スケッパーを使い、生地を6等分する。

3 成形

手に油をつけて、生地をまとめるように10回ほどにぎったら、両手でキャッチボールして空気を抜き、手のひらでコロコロと転がしてまるめる。直径10cmの円形にめん棒で伸ばし（a）、中央に肉あんをのせて包む（b）。とじ目を下にして、クッキングシートを並べた天板に1個ずつのせる。

1個につき1分かけて表面をつるぴかに！

4 発酵
ふんわりとラップをして濡れ布巾をかけ、オーブンの発酵機能40℃で10〜12分発酵させる。

少しふっくらするくらいが目安

5 仕上げ＆蒸す

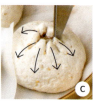

生地をせいろに並べ、キッチンバサミで中心から端に向けて7か所切り目を入れる（c／P.53参照）。水を入れた鍋を火にかけ、沸騰したらせいろをのせて、弱めの中火で17分蒸す。

ピザ風チーズまん

蒸し時間
弱めの中火
15分

イタリアに蒸しパンがあるならこんな感じ？
ナポリタンをイメージさせるピザあんは絶品です。

材料（6個分）

A｜米粉（パン用）…200g
　｜ドライイースト…3g
　｜砂糖…10g
　｜塩…3g
　｜サイリウム…7g
ぬるま湯（37℃前後）…215g
ピザあん（下記参照）…全量
植物油（作業用）…適量

【下準備】
・クッキングシートは11×11cmに切ったものを6枚用意する。

─── ピザあん ───

材料
ウインナーソーセージ（またはブロックベーコン・薄切り）…120g
玉ねぎ（1cm角に切る）…80g
にんにく（みじん切り）…小さじ¼
トマトケチャップ…37g
塩、こしょう
　…各適量（多め）
米粉…6g
ピザ用チーズ…50g

作り方
1. 耐熱容器にピザ用チーズ以外の材料を入れて混ぜ合わせる。
2. ラップをかけずに電子レンジ（600W）で2分ほど加熱する。
3. 熱いうちにピザ用チーズを加えて混ぜ、6等分して冷ましておく。

作り方

1 混ぜる
ボウルにAを入れ、スケッパーで1分ほど混ぜる。ぬるま湯を加え、スケッパーで4～5分よく混ぜる。

2 分割
スケッパーを使い、生地を6等分する。

3 成形
手に油をつけて、生地をまとめるように10回ほどにぎったら、両手でキャッチボールして空気を抜き、手のひらでコロコロと転がしてまるめる。直径11cmの円形にめん棒で伸ばし、中央にピザあんをのせて包む（a）。とじ目を下にして、クッキングシートを並べた天板に1個ずつのせる。

1個につき1分かけて表面をつるぴかに！

a

4 発酵
ふんわりとラップをして濡れ布巾をかけ、オーブンの発酵機能40℃で10～12分発酵させる。

少しふっくらするくらいが目安

5 仕上げ＆蒸す
生地をせいろに並べる。水を入れた鍋を火にかけ、沸騰したらせいろをのせて、弱めの中火で15分蒸す。

73

\ まるパンArrange /

**焼かずに蒸して！
蒸すまるパン**

卵蒸しパン

作り方はP.76

チーズ蒸しパン

作り方はP.77

\ まるパン Arrange /

焼かずに蒸して！ 蒸すまるパン

ベーキングパウダーで！

卵蒸しパン

蒸し時間
予熱なし 弱火20分

イーストなしで発酵いらず。生地は泡立て器でぐるぐる混ぜるだけ！
予熱なしで作るのが、表面が割れない秘訣です。

材料（口径71mm・容量120mlの プリン型4個分）

卵（常温に戻す）…110g
  ＊約卵2個分。たりない場合は豆乳や牛乳をたす。
バニラエッセンス…3滴
砂糖…40g
植物油（クセのないもの）…30g
米粉（パン用）…100g
ベーキングパウダー…4g

【下準備】
・クッキングシートは12×12cmに切ったものを、4枚用意する。4か所にハサミで3.5cmずつ切り目（点線部）を入れ、プリン型（またはココット）にセットする。

・深鍋の蓋に布巾を巻きとめておく。

作り方

1 混ぜる

ボウルに卵を割り入れ、バニラエッセンスを加え、泡立て器で混ぜる。砂糖、油、米粉、ベーキングパウダーの順に加え、そのつど泡立て器でよく混ぜる。

表面の気泡はヘラでなでてつぶす

2 型に入れる

クッキングシートを敷いたプリン型に等分に流し入れる（a）。

3 蒸す

深鍋に深さ1cmほどの水を入れ、プリン型を静かに並べる（b）。蓋をして（c）火をつけ、予熱なしで弱火で20分蒸す。乾燥しやすいので、冷めたらラップでしっかりと包んで保存する。

a

b

c

ベーキングパウダーで！

チーズ蒸しパン

蒸し時間 予熱なし 弱火25分 ＋ 焼き時間 中火2分

蒸したあとに焼き目をつけて、香ばしさアップ！
チーズのミルキーで優しい味わいが魅力です。

材料（口径71mm・容量120mlのプリン型4個分）

豆乳…65g
ピザ用チーズ…50g
砂糖…35g
溶き卵…50g
米粉（パン用）…80g
ベーキングパウダー…5g

植物油（焼く用）…適量

【下準備】
・クッキングシートは12×12cmに切ったものを、4枚用意する。4か所にハサミで3.5cmずつ切り目を入れ、プリン型（またはココット）にセットする（P.76参照）。
・深鍋の蓋に布巾を巻きとめておく。

作り方

1 混ぜる

耐熱ボウルに豆乳を入れてピザ用チーズを浸し、ふんわりとラップをかけて電子レンジ（600W）で50秒ほど加熱する。取り出して泡立て器でよく混ぜ（a）、さらに電子レンジで30秒ほど加熱して泡立て器でよく混ぜ、チーズを溶かす。砂糖、溶き卵、米粉、ベーキングパウダーの順に加え、そのつど泡立て器でよく混ぜる。

2 型に入れる

クッキングシートを敷いたプリン型に等分に流し入れる。

3 蒸す

深鍋に深さ1cmほどの水を入れ、プリン型を静かに並べる。蓋をして火をつけ、予熱なしで弱火で25分蒸す（P.76参照）。

4 焼く

フライパンに薄く油をひいて熱し、蒸しパンの表面を下にして並べ、中火で2分焼き目がつくまで焼く（b）。乾燥しやすいので、冷めたらラップでしっかりと包んで保存する。

\ まるパン Arrange /

焼かずに蒸して！
蒸すまるパン

78

中華風蒸しパン

肉まんの皮だけ、みたいなシンプルな蒸しパン。
そのままでも、好きな具材をはさんでもおいしい！

蒸し時間
弱めの中火 14分

材料（6個分）

A | 米粉（パン用）…200g
　 | ドライイースト…3g
　 | 砂糖…10g
　 | 塩…3g
　 | サイリウム…7g

ぬるま湯（37℃前後）…105g
豆乳（無調整・37℃前後）…105g
植物油…5g

植物油（作業用）…適量

【下準備】
・クッキングシートは11×11cmに切ったものを、6枚用意する。

作り方

1 混ぜる
ボウルにAを入れ、スケッパーで1分ほど混ぜる。ぬるま湯、豆乳、油を加え、スケッパーで4〜5分よく混ぜる。

2 分割
スケッパーを使い、生地を12等分する。

3 成形
手に油をつけて、生地をまとめるように10回ほどにぎったら、両手でキャッチボールして空気を抜き、手のひらでコロコロと転がしてまるめる。直径8cm6個、直径7cm6個の円形になるようにめん棒で伸ばし、直径8cmの生地のフチ（斜線部）に刷毛で油を塗る（a）。直径8cmの生地の上に直径7cmの生地を重ねて2枚1組にしたら（b）、クッキングシートにのせる。

1個につき1分かけて表面をつるぴかに！

a

b

4 発酵
ふんわりとラップをして濡れ布巾をかけ、オーブンの発酵機能40℃で10〜12分発酵させる。

少しふっくらするくらいが目安

5 仕上げ&焼く
生地をせいろに並べる。水を入れた鍋を火にかけ、沸騰したらせいろをのせて、弱めの中火で14分蒸す。

こんな食べ方も！

みそかつをサンドしても◎
愛知県民ならみそカツですが、角煮など好きなものを青じそと一緒にはさんでみて。

Column 3

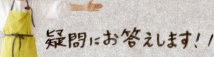

\ 米粉パン作りの 疑問にお答えします！/
困ったときのQ&A

Q. 焼きムラ が気になります。
A. 焼いている途中で天板の前後を入れ替えてみて。焼き時間の3分の2を過ぎたくらいが入れ替えの目安です。

Q. 焼き色 がつきません。
A. 焼いている途中でもいいのでオーブンの温度を10〜20℃上げてみてください。残り5分で表面に油を塗る方法もありますが、仕上げに米粉をふったパンには塗れないので注意。

Q. パン用以外の米粉 でも作れますか？
A. お菓子用のミズホチカラでも作れなくはないです。ただ、仕上がりが変わるので、失敗しないためにもパン用のミズホチカラを推奨します。

Q. サイリウムを 他の材料で 代用 できないでしょうか？
A. この本で紹介したレシピではできません。1回に使う量が少ないので、一度買うと長く使えます。

Q. 豆乳を牛乳 に変えても作れますか？
A. 作れますが、食感などが少し変わります。豆乳のほうが歯切れがよく、ふっくら仕上がります。

Q. 焼き上がりが 餅っぽくなって しまいました。
A. 餅っぽくなってしまうのは、焼いている間に生地の中の水分がうまく抜けていないから。オーブンの温度が低い可能性があるので、次に焼くときは温度を10〜20℃上げてみてください。また、イーストが古い場合も膨らみが悪く、餅っぽくなります。

Q. 半量や倍量 で作れますか？
A. 半量で作るのは問題ないです。倍量の場合はイーストをレシピより1〜2g増やし、他の材料を2倍にします。ただし、生地が重くて混ぜにくいので、倍量よりも2回作るのがおすすめ！

Q. オーブンの発酵機能は「スチームあり」「スチームなし」どちらですか？
A. スチームなしで大丈夫です。

Q. オーブンの天板が小さくて生地が入りきりません。2回に分けて 焼けますか？ もしくは2段で 焼いてもいいですか？。
A. 2回に分けた方がきれいに焼けます。成形まで一緒に作り、発酵から2つに分けて焼いてください。あとから焼く生地はひとつ目の生地を焼いている間にも発酵が進むので、オーブン発酵はさせずに、室内の涼しい場所で待機させるとよいです。ただし、タイミングが難しいので、1回に焼けないならレシピの半量で作るほうがおすすめです。

Q. パンが 焼けているか どうか、よくわからないです……。
A. パンの裏面を見て焼き色がついていれば大丈夫。ちゃんと焼けている証拠です！

Q. 生焼け になってしまいました。
A. シンプルなパンなら、ラスクやフレンチトーストにリメイクするとおいしくいただけます。

Q. 過発酵 になってしまったら、どうすればいいですか？
A. 成形に時間がかかると、過発酵になりがち。表面が多少ザラつく程度なら味にはあまり影響しないので、次回焼くときに作業を手早くするか、発酵時間を短めにしてみて。完成まで1時間を目安に、成形に時間がかかったときは発酵時間を短くするなど、生地の状態を見て調整してみてください。

Q. スケッパー がありません。
A. 代用するなら、しゃもじが便利です。

リッチな味わい

おやつパン

スイーツみたいな甘いパンも
米粉におまかせ！
定番のあんパンやチョコパン、
クリームパンをはじめ、
おいしくて見た目もかわいいパンが大集合。
ティータイムのおともにどうぞ。

とろりん
クリームパン

ふんわりパンの中には、とろ〜りクリームがぎっしり！
優しい甘さがどこか懐かしい味わいです。

焼き時間
220°C 12分

材料（5個分）

A | 米粉（パン用）…200g
　| ドライイースト…3g
　| 砂糖…5g
　| 塩…3g
　| サイリウム…7g
ぬるま湯（37°C前後）…105g
豆乳（無調整・37°C前後）…105g
無塩バター（溶かす）…10g
米粉カスタードクリーム（下記参照）…全量
アーモンドスライス…適量
粉砂糖（好みで）…適量

植物油（作業用）…適量
無塩バター（溶かす／仕上げ用）…適量

【下準備】

米粉カスタードクリーム

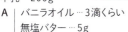

材料
卵黄…2個分
砂糖…50g
米粉…25g
牛乳…200g
A | バニラオイル…3滴くらい
　| 無塩バター…5g

作り方
1. 耐熱容器に卵黄を入れ、砂糖、米粉、牛乳の順に加え、泡立て器でそのつどよく混ぜる。
2. ふんわりとラップをかけて電子レンジ（600W）で2分ほど加熱する。取り出して泡立て器で混ぜ、さらに電子レンジで1分30秒ほど加熱する。
3. 取り出してAを加え、ゴムベラで混ぜる。クリームの表面にラップをぴったりとかぶせ、冷蔵庫で冷やしておく（15分前後）。成形のときに取り出す。

1個につき1分かけて表面をつるぴかに！

爆発しにくいように閉じ目は上に！

作り方

① 混ぜる
ボウルにAを入れ、スケッパーで1分ほど混ぜる。ぬるま湯、豆乳、溶かしたバターを加え、スケッパーで4〜5分よく混ぜる。

② 分割
スケッパーを使い、生地を5等分する。

③ 成形
手に油をつけて、生地をまとめるように10回ほどにぎったら、両手でキャッチボールして空気を抜き、手のひらでコロコロと転がしてまるめる。直径12cmの円形にめん棒で伸ばし、中央にクリームをのせて包む（a）。とじ目を上にしてクッキングシートを敷いた天板に並べ（b）、アーモンドスライスをのせて、落ちないように少し押さえる。

④ 発酵
ふんわりとラップをして濡れ布巾をかけ、オーブンの発酵機能40°Cで10〜12分発酵させる。取り出してオーブンを220°Cに予熱する。

ふっくらするくらいが目安

⑤ 仕上げ＆焼く
オーブンの予熱が終わったら、生地に刷毛でまんべんなく溶かしたバターを塗る。220°Cのオーブンで12分焼く。好みで粉砂糖をふる。

83

あんパン
作り方はP.86

あんことクリームチーズの
平焼きパン
作り方はP.87

あんパン

ミルク風味の生地にあんこがたっぷりつまった定番パン。
市販のあんこを使えば手軽に作れます。

焼き時間
210℃
12分

材料（6個分）

A ｜ 米粉（パン用）…200g
　｜ ドライイースト…3g
　｜ 砂糖…5g
　｜ 塩…3g
　｜ サイリウム…7g
ぬるま湯（37℃前後）…110g
豆乳（無調整・37℃前後）…110g
あんこ（市販品）…240g
いりごま（黒）…適量

植物油（作業用・仕上げ用）…適量

【下準備】

・あんこは水分をペーパータオルで除き、6等分してまるめておく。

作り方

① 混ぜる

ボウルにAを入れ、スケッパーで1分ほど混ぜる。ぬるま湯、豆乳を加え、スケッパーで4〜5分よく混ぜる。

② 分割

スケッパーを使い、生地を6等分する。

③ 成形

手に油をつけて、生地をまとめるように10回ほどにぎったら、両手でキャッチボールして空気を抜き、手のひらでコロコロと転がしてまるめる。直径9cmの円形に手で伸ばし、中央にあんこをのせて包む（a）。とじ目を下にしてクッキングシートを敷いた天板に並べ、中央にいりごまをのせ、落ちないように少し押さえる。

1個につき1分かけて表面をつるぴかに！

④ 発酵

ふんわりとラップをして濡れ布巾をかけ、オーブンの発酵機能40℃で10〜12分発酵させる。取り出してオーブンを210℃に予熱する。

ふっくらするくらいが目安

⑤ 仕上げ&焼く

オーブンの予熱が終わったら、生地に刷毛でまんべんなく油を塗る。210℃のオーブンで12分焼く。

あんことクリームチーズの平焼きパン

焼き時間
220℃ 15分

あんことチーズの甘じょっぱさがおいしい！
天板をのせて焼くことで、焼き目もかわいいぺたんこフォルムに。

材料（6個分）

A ｜ 米粉（パン用）…200g
　｜ ドライイースト…3g
　｜ 砂糖…10g
　｜ 塩…3g
　｜ サイリウム…7g
ぬるま湯（37℃前後）…110g
豆乳（無調整・37℃前後）…110g
クリームチーズ（室温に戻す）…42g
あんこ（市販品）…240g
いりごま（黒）…適量

植物油（作業用）…適量

1個につき1分かけて表面をつるぴかに！

【下準備】
・あんこは水分をペーパータオルで除き、6等分してまるめておく。
・クリームチーズは6等分しておく。

作り方

① 混ぜる
ボウルにAを入れ、スケッパーで1分ほど混ぜる。ぬるま湯、豆乳を加え、スケッパーで4～5分よく混ぜる。

② 分割
スケッパーを使い、生地を6等分する。

③ 成形
手に油をつけて、生地をまとめるように10回ほどにぎったら、両手でキャッチボールして空気を抜き、手のひらでコロコロと転がしてまるめる。直径9cmの円形に手で伸ばし、中央にクリームチーズとあんこをのせて（a）包む。とじ目を下にしてクッキングシートを敷いた天板に並べ、中央にいりごまをのせる。クッキングシートをかぶせ、さらに別の天板を上からのせる（b）。

このくらいつぶれてもOK

④ 発酵
上にのせた天板ごとオーブンに入れ、オーブンの発酵機能40℃で10～12分発酵させる。取り出してオーブンを220℃に予熱する。

ふっくらするくらいが目安

⑤ 仕上げ&焼く
オーブンの予熱が終わったら、上にのせた天板ごと220℃のオーブンで15分焼く。

ジャムパン

焼き時間
210℃
14分

バター風味のパンの中に、いちごジャムをとじ込めて。
ジャムはコーンスターチでゼリー状にし、流れ出るのを防ぎます。

材料（6個分）

A | 米粉（パン用）…200g
　| ドライイースト…3g
　| 砂糖…15g
　| 塩…3g
　| サイリウム…7g

ぬるま湯（37℃前後）…210g
無塩バター（溶かす）…15g
いちごジャム（下記参照）…全量
アーモンドスライス…適量

植物油（作業用）…適量
無塩バター（溶かす／仕上げ用）
　…適量

【下準備】

――― いちごジャム ―――

材料
いちごのジャム
　（市販品）
　　…150g
コーンスターチ…6g

作り方
1. 耐熱容器に材料を入れてよく混ぜる。
2. ふんわりとラップをかけ、電子レンジ（600W）で90秒ほど加熱する。取り出して混ぜ、再びふんわりとラップをかけて電子レンジで60秒ほど加熱する。取り出して混ぜ、冷蔵庫で冷やしておく（15分前後）。成形のときに取り出す。

作り方

① **混ぜる**

ボウルにAを入れ、スケッパーで1分ほど混ぜる。ぬるま湯、溶かしたバターを加え、スケッパーで4～5分よく混ぜる。

② **分割**

スケッパーを使い、生地を6等分する。

③ **成形**

手に油をつけて、生地をまとめるように10回ほどにぎったら、両手でキャッチボールして空気を抜き、手のひらでコロコロと転がしてまるめる。直径8cmの円形に手で伸ばし、中央にいちごジャムをのせて包む（a）。とじ目を下にしてクッキングシートを敷いた天板に並べる。アーモンドスライスをのせ、落ちないように少し押さえる。

1個につき1分かけて表面をつるぴかに！

④ **発酵**

ふんわりとラップをして濡れ布巾をかけ、オーブンの発酵機能40℃で10～12分発酵させる。取り出してオーブンを210℃に予熱する。

少しふっくらするくらいが目安

⑤ **仕上げ&焼く**

オーブンの予熱が終わったら、生地に刷毛でまんべんなく溶かしたバターを塗る。210℃のオーブンで14分焼く。

89

りんご
クリームチーズ
＆
ブルーベリー
クリームチーズ

フルーツがかわいい、
スイーツみたいなおしゃれパン。
りんごとブルーベリーの
2種類が一緒に作れます。

材料（りんごクリームチーズ、
　　　　ブルーベリークリームチーズ 各3個分）

A
| 米粉（パン用）…200g
| ドライイースト…3g
| 砂糖…10g
| 塩…3g
| サイリウム…7g

ぬるま湯（37℃前後）…105g
豆乳（無調整・37℃前後）…105g
無塩バター（溶かす）…10g

チーズクリーム
| クリームチーズ（室温に戻す）…100g
| 砂糖…10g

りんご（薄切り）…12枚
ブルーベリー（冷凍）…18粒
グラニュー糖…適量
シナモンパウダー、はちみつ（好みで）…各適量

植物油（作業用）…適量
無塩バター（溶かす／仕上げ用）…適量

【下準備】
・チーズクリームの材料は混ぜておく。
・ブルーベリーは解凍して水気をペーパー
　タオルでしっかりふきとる。

焼き時間
180℃
16分

作り方

1 混ぜる

ボウルにAを入れ、スケッパーで1分ほど混ぜる。ぬるま湯、豆乳、溶かしたバターを加え、スケッパーで4〜5分よく混ぜる。

2 分割

スケッパーを使い、生地を6等分する。

3 成形

手に油をつけて、生地をまとめるように10回ほどにぎったら、両手でキャッチボールして空気を抜き、手のひらでコロコロと転がしてまるめる。クッキングシートを敷いた天板の上で、直径9cmの円形に手で伸ばしてフチを作る(a)。

> 1個につき1分かけて表面をつるぴかに！

4 発酵

ふんわりとラップをして濡れ布巾をかけ、オーブンの発酵機能40℃で10〜12分発酵させる。取り出してオーブンを180℃に予熱する。

> 少しふっくらするくらいが目安

5 仕上げ&焼く

オーブンの予熱が終わったら、生地のフチに刷毛で溶かしたバターを塗り、中央にフォークなどで穴をあける(b)。3個にはチーズクリームとりんご、残りの3個にはチーズクリームとブルーベリーをのせ、グラニュー糖をふる(c)。180℃のオーブンで16分焼く。好みでりんごにシナモンとはちみつをかけ、ブルーベリーにハーブ(分量外)を飾る。

> グラニュー糖は小さじ1/8くらいずつがおすすめ

甘酸っぱレーズンシュガー

焼き時間
210℃ 12分

たっぷりふったグラニュー糖が決め手！
ナッツとグラニュー糖の食感がおいしさを倍増してくれます。

材料（6個分）

A | 米粉（パン用）…200g
　| 片栗粉…20g
　| ドライイースト…3g
　| 砂糖…15g
　| 塩…3g
　| サイリウム…4g

ぬるま湯（37℃前後）…200g
植物油（クセのないもの）…10g
レーズン…100g
アーモンドスライス…適量
グラニュー糖…適量

植物油（作業用・仕上げ用）…適量

【下準備】
・レーズンはさっと湯で洗い、水気をペーパータオルでしっかりふきとる。

作り方

① 混ぜる
ボウルにAを入れ、スケッパーで1分ほど混ぜる。ぬるま湯、油を加え、スケッパーで4〜5分よく混ぜる。レーズンを加えて全体に混ぜ込む（P.46参照）。

② 分割
スケッパーを使い、生地を6等分する。

③ 成形
手に油をつけて、生地をまとめるように10回ほどにぎったら、両手でキャッチボールして空気を抜き、手のひらでコロコロと転がしてまるめる。クッキングシートを敷いた天板に並べる。

> 1個につき1分かけて表面をつるぴかに！

④ 発酵
ふんわりとラップをして濡れ布巾をかけ、オーブンの発酵機能40℃で10〜12分発酵させる。取り出してオーブンを210℃に予熱する。

> 発酵不足は焼いたとき割れやすいのでしっかりと

⑤ 仕上げ&焼く
オーブンの予熱が終わったら、生地に刷毛でまんべんなく油を塗り、アーモンドスライスをのせ、その上にグラニュー糖をたっぷりとふる（a）。210℃のオーブンで12分焼く。

a

まるでおはぎ

見た目も味もまるでおはぎ!? 生地にもきな粉を入れて

きなこあーんパン

生地にもあんこにもきな粉たっぷり!
優しい甘さの和風パンです。

焼き時間
210℃
12分

材料(6個分)

A｜米粉(パン用)…200g
　｜きな粉…10g
　｜ドライイースト…4g
　｜砂糖…10g
　｜塩…3g
　｜サイリウム…5g
ぬるま湯(37℃前後)…220g
植物油(クセのないもの)…10g

あんきな粉
｜あんこ(市販品)…180g
｜きな粉…6g

きな粉砂糖
｜きな粉…大さじ2
｜グラニュー糖…大さじ1

植物油(作業用)…適量

【下準備】

・あんきな粉はあんこの水分をペーパータオルで除き、きな粉と混ぜたら、6等分してまるめておく。
・きな粉砂糖は、きな粉とグラニュー糖をボウルに入れ混ぜ合わせておく。

作り方

1 混ぜる

ボウルにAを入れ、スケッパーで1分ほど混ぜる。ぬるま湯、油を加え、スケッパーで4〜5分よく混ぜる。

2 分割

スケッパーを使い、生地を6等分する。

3 成形

手に油をつけて、生地をまとめるように10回ほどにぎったら、両手でキャッチボールして空気を抜き、手のひらでコロコロと転がしてまるめる。直径10cmの円形に手で伸ばし、中央にあんきな粉をのせて包む(a)。きな粉砂糖を軽く押さえながら全体につけ(b)、とじ目を下にしてクッキングシートを敷いた天板に並べる。

1個につき1分かけて表面をつるぴかに!

a

b

4 発酵

ふんわりとラップをして濡れ布巾をかけ、オーブンの発酵機能40℃で10〜12分発酵させる。取り出してオーブンを210℃に予熱する。

5 仕上げ&焼く

210℃のオーブンで12分焼く。

風味アップ。あんことの相性は鉄板です。

ごまいもあんこ

あんことさつまいもの甘煮がぎっしり。
香ばしい黒ごまをたっぷりつけて。

焼き時間
210℃
12分

材料（6個分）

A ｜ 米粉（パン用）…200g
　｜ きな粉…10g
　｜ ドライイースト…4g
　｜ 砂糖…10g
　｜ 塩…3g
　｜ サイリウム…5g
ぬるま湯（37℃前後）…220g
植物油（クセのないもの）…10g
さつまいもの甘煮（下記参照）…全量
あんこ（市販品）…90g
いりごま（黒）…適量

植物油（作業用）…適量

【下準備】
・あんこは水分をペーパータオルで除き、6等分してまるめておく。
・いりごまはボウルに入れておく。

さつまいもの甘煮

さつまいも125gは皮ごと5mm角に切り、水にさらして水気をきる。耐熱容器に入れて砂糖15g、水10gを加えて軽く混ぜ、ふんわりとラップをかけて電子レンジ（600W）で2分ほど、やわらかくなるまで加熱する。熱いうちに粗めにつぶし、6等分して冷ましておく。

作り方

1 混ぜる

ボウルにAを入れ、スケッパーで1分ほど混ぜる。ぬるま湯、油を加え、スケッパーで4〜5分よく混ぜる。

2 分割

スケッパーを使い、生地を6等分する。

3 成形

手に油をつけて、生地をまとめるように10回ほどにぎったら、両手でキャッチボールして空気を抜き、手のひらでコロコロと転がしてまるめる。直径10cmの円形に手で伸ばし、中央にさつまいもの甘煮、あんこをのせて包む（a）。ごまを軽く押さえながら全体につけ（b）、とじ目を下にしてクッキングシートを敷いた天板に並べる。

1個につき1分かけて表面をつるぴかに！

a

b

4 発酵

ふんわりとラップをして濡れ布巾をかけ、オーブンの発酵機能40℃で10〜12分発酵させる。取り出してオーブンを210℃に予熱する。

少しふっくらするくらいが目安

5 仕上げ&焼く

210℃のオーブンで12分焼く。

95

THEチョコチップパン

焼き時間
190℃
15分

チョコ好きにはたまらない！
ふわふわのココア生地の中にはチョコチップがたっぷりです。

材料（6個分）

A ｜ 米粉（パン用）…190g
　｜ ココアパウダー…10g
　｜ ドライイースト…4g
　｜ 砂糖…15g
　｜ 塩…3g
　｜ サイリウム…7g
ぬるま湯（37℃前後）…110g
豆乳（無調整・37℃前後）…110g
チョコチップ（溶けにくいタイプ）…30g

植物油（作業用・仕上げ用）…適量

作り方

① 混ぜる

ボウルにAを入れ、スケッパーで1分ほど混ぜる。ぬるま湯、豆乳を加え、スケッパーで4〜5分よく混ぜる。チョコチップを加えて全体に混ぜ込む（a）。

② 分割

スケッパーを使い、生地を6等分する。

③ 成形

手に油をつけて、生地をまとめるように10回ほどにぎったら、両手でキャッチボールして空気を抜き、手のひらでコロコロと転がしてまるめる。クッキングシートを敷いた天板に並べる。

> 1個につき1分かけて表面をつるぴかに！

> なるべくチョコチップが外側に出ないようにまるめて

④ 発酵

ふんわりとラップをして濡れ布巾をかけ、オーブンの発酵機能40℃で10〜12分発酵させる。取り出してオーブンを190℃に予熱する。

> 少しふっくらするくらいが目安

⑤ 仕上げ&焼く

オーブンの予熱が終わったら、生地に刷毛でまんべんなく油を塗る。190℃のオーブンで15分焼く。

97

ちょこリング

コロコロかわいい、あのドーナツ風！
チョコ＆ナッツで見た目もかわいく飾りつけて。

焼き時間
210℃
12分

材料（4個分）

A | 米粉（パン用）…200g
　| ドライイースト…3g
　| 砂糖…10g
　| 塩…3g
　| サイリウム…7g
ぬるま湯（37℃前後）…105g
豆乳（無調整・37℃前後）…105g
無塩バター（溶かす）…15g
コーティングチョコレート（溶かす）
　…適量
アーモンドダイス…適量

植物油（作業用）…適量
無塩バター（溶かす／仕上げ用）
　…適量

作り方

1 混ぜる

ボウルにAを入れ、スケッパーで1分ほど混ぜる。ぬるま湯、豆乳、溶かしたバターを加え、スケッパーで4〜5分よく混ぜる。

2 分割

スケッパーを使い、生地を32等分する。

3 成形

手に油をつけて、つるぴかになるまでまるめる。クッキングシートを敷いた天板に8個でひとつの輪になるように並べる（a）。

隙間はあけなくてOK!

4 発酵

ふんわりとラップをして濡れ布巾をかけ、オーブンの発酵機能40℃で10〜12分発酵させる。取り出してオーブンを210℃に予熱する。

少しふっくらするくらいが目安

5 仕上げ＆焼く

オーブンの予熱が終わったら、生地に刷毛でまんべんなく溶かしたバターを塗る。210℃のオーブンで12分焼く。冷めたら溶かしたチョコをつけて（b）、アーモンドを飾る。

シナモンロール＆
アーモンドロール

くるくるしたうずまきがかわいい！
ハーフ＆ハーフで一度に2つの味が作れます。

焼き時間
210℃
15分

材料（シナモンロール、アーモンドロール 各2個分）

- A
  - 米粉（パン用）…200g
  - ドライイースト…3g
  - 砂糖…10g
  - 塩…3g
  - サイリウム…7g
- ぬるま湯（37℃前後）…107g
- 豆乳（無調整・37℃前後）…107g
- 植物油（クセのないもの）…15g
- シナモンシュガー
  - シナモンパウダー…2.5g
  - 砂糖…15g
- アーモンドシュガー
  - アーモンドプードル…15g
  - 砂糖…15g
- 無塩バター（溶かす）…10g

- 植物油（作業用）…適量
- 無塩バター（溶かす／仕上げ用）
  …適量

【下準備】
・シナモンシュガーとアーモンドシュガーは、それぞれの材料を混ぜ合わせておく。

作り方

① 混ぜる

ボウルにAを入れ、スケッパーで1分ほど混ぜる。ぬるま湯、豆乳、油を加え、スケッパーで4〜5分よく混ぜる。

② 成形

手に油をつけて、生地をまとめるように10回ほどにぎったら両手でキャッチボールして空気を抜き、手のひらでコロコロと転がしてまるめる。生地を縦27×横16cmにめん棒で伸ばす。溶かしたバターを生地の上1cm（斜線部）をあけて刷毛で塗り（a）、シナモンシュガーとアーモンドシュガーを左右半分ずつのせる。手前から巻き（b）、巻き終わりを下にして4等分に切る（c）。巻き終わりを軽く押さえてなじませ、きれいな断面を上にして、クッキングシートを敷いた天板に並べ、ふんわりとラップをして焼き上がったときに倒れないように少し押さえる（d）。

1分かけて表面をつるぴかに！

a

b

c

d

③ 発酵

濡れ布巾をかけ、オーブンの発酵機能40℃で13分発酵させる。取り出してオーブンを210℃に予熱する。

ふっくら大きくなるくらいが目安

④ 仕上げ&焼く

オーブンの予熱が終わったら、生地に刷毛でまんべんなく溶かしたバターを塗る。210℃のオーブンで15分焼く。

レモンパン

メロンパンならぬレモンパン！
さわやかなレモンの風味が口中に広がります。

焼き時間
170℃ 25分

材料（5個分）

A | 米粉（パン用）…200g
　| ドライイースト…3g
　| 砂糖…15g
　| 塩…3g
　| サイリウム…6g
ぬるま湯（37℃前後）…105g
豆乳（無調整・37℃前後）…65g
溶き卵…10g
無塩バター（溶かす）…20g
クッキー生地（下記参照）…全量

植物油（作業用）…適量

1個につき1分かけて表面をつるぴかに！

【下準備】

クッキー生地

材料
無塩バター（室温に戻す）…30g
砂糖…45g
溶き卵…37g
レモン汁…1g
レモンの皮（すりおろす）…適量（多め）
A | 米粉…90g
　| アーモンドプードル…15g

作り方
1. ボウルにバターと砂糖を入れてよく混ぜる。溶き卵を3回に分けて加え、そのつど泡立て器で混ぜる。レモン汁とレモンの皮を加えて混ぜる。
2. Aを加えてゴムベラで粉気がなくなるまで混ぜる。5等分にして、それぞれラップで包んでまるめ、冷凍庫で冷やしかためる（15分前後）。成形のときに取り出す。

作り方

1 混ぜる
ボウルにAを入れ、スケッパーで1分ほど混ぜる。ぬるま湯、豆乳、溶き卵、溶かしたバターを加え、スケッパーで4〜5分よく混ぜる。

2 分割
スケッパーを使い、生地を5等分する。

3 成形
手に油をつけて、生地をまとめるように10回ほどにぎったら、両手でキャッチボールして空気を抜き、手のひらでコロコロと転がしてまるめる。クッキー生地をラップにはさんで直径9cmの円形にめん棒で伸ばし（a）、パン生地をのせる（b）。ひっくり返して両サイドをつまんでくぼませ、レモンの形に整える（c）。クッキングシートを敷いた天板に並べる。

a

b

c

4 発酵
ふんわりとラップをして濡れ布巾をかけ、オーブンの発酵機能30℃で15分発酵させる。取り出してオーブンを170℃に予熱する。

バターが溶けないように発酵温度は低めに

少しふっくらするくらいが目安

5 仕上げ＆焼く
オーブンの予熱が終わったら、170℃のオーブンで25分焼く。

まるパン Arrange

小さくまるめて！ ミニまるパン

米粉100gで作れるちびっこまるパン。
ひと口サイズでちょっとつまむのにもぴったり！
食べきり量なのも嬉しいです。

みるくコーヒーチョコmini

優しいコーヒー風味にチョコレートがアクセント！
アーモンドプードル入りの生地で風味よく。

焼き時間 180℃ 12分

材料（8個分）

- A
  - 米粉（パン用）…100g
  - アーモンドプードル…10g
  - インスタントコーヒー
    （粒子の細かいもの）
    …1.5g
  - ドライイースト…3g
  - 砂糖…10g
  - 塩…1.5g
  - サイリウム…3.5g
- ぬるま湯（37℃前後）…55g
- 豆乳（無調整・37℃前後）
  …55g
- 無塩バター（溶かす）…5g
- チョコチップ（溶けにくいタイプ）
  …25g
- 植物油（作業用）…適量
- 無塩バター（溶かす／仕上げ用）
  …適量

作り方

1 混ぜる ボウルにAを入れ、スケッパーで1分ほど混ぜる。ぬるま湯、豆乳、溶かしたバターを加え、スケッパーで4〜5分よく混ぜる。チョコチップを加えて全体に混ぜ込む（a）。

2 分割 スケッパーを使い、生地を8等分する。

3 成形 手に油をつけてつるぴかになるまでまるめたら、クッキングシートを敷いた天板に並べる（b）。

4 発酵 ふんわりとラップをして濡れ布巾をかけ、オーブンの発酵機能40℃で10〜12分発酵させる。取り出してオーブンを180℃に予熱する。

5 仕上げ&焼く オーブンの予熱が終わったら、生地に刷毛でまんべんなく溶かしたバターを塗る。180℃のオーブンで12分焼く。

---

inマシュマロmini

焼くとふわふわのマシュマロが溶けて中が空洞に！
意外な食感と甘さが楽しめます。

焼き時間 150℃ 15分

材料（8個分）

- A
  - 米粉（パン用）…100g
  - アーモンドプードル…10g
  - ドライイースト…2g
  - 砂糖…10g
  - 塩…1.5g
  - サイリウム…3.5g
- ぬるま湯（37℃前後）…50g
- 豆乳（無調整・37℃前後）
  …55g
- 無塩バター（溶かす）…5g
- マシュマロ（小さいもの）
  …8個
- 植物油（作業用）…適量
- 無塩バター（溶かす／仕上げ用）
  …適量

作り方

1 混ぜる ボウルにAを入れ、スケッパーで1分ほど混ぜる。ぬるま湯、豆乳、溶かしたバターを加え、スケッパーで4〜5分よく混ぜる。

2 分割 スケッパーを使い、生地を8等分する。

3 成形 手に油をつけて、つるぴかになるまでまるめる。生地を手で円形に伸ばし、中央にマシュマロをのせて（a）包む。とじ目を下にしてクッキングシートを敷いた天板に並べる。

少しふっくらするくらいが目安

4 発酵 ふんわりとラップをして濡れ布巾をかけ、オーブンの発酵機能40℃で10〜12分発酵させる。取り出してオーブンを150℃に予熱する。

5 仕上げ&焼く オーブンの予熱が終わったら、生地に刷毛でまんべんなく溶かしたバターを塗る。150℃のオーブンで15分焼く。

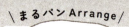

\まるパン Arrange/

小さくまるめて！
ミニまるパン

ぼうしパン mini

焼き時間 180℃ 14分

サクサクのクッキー生地を薄くまとった、
まるでぼうしのようなスイーツパンが完成！

材料（8個分）

A　｜米粉（パン用）…100g
　　｜アーモンドプードル…10g
　　｜ドライイースト…3g
　　｜砂糖…10g
　　｜塩…1.5g
　　｜サイリウム…3.5g
ぬるま湯（37℃前後）…50g
豆乳（無調整・37℃前後）…55g
無塩バター（溶かす）…5g
クッキー生地（下記参照）…全量

植物油（作業用）…適量

【下準備】

クッキー生地

材料
無塩バター（室温に戻す）…25g
砂糖…30g
溶き卵…25g
米粉…30g
アーモンドプードル…10g

作り方
ボウルにバターと砂糖を入れてよく混ぜる。溶き卵、米粉、アーモンドプードルを順に加え、そのつど泡立て器でよく混ぜる。絞り袋に入れ、冷凍庫で冷しておく。仕上げのときに取り出す。

作り方

1 混ぜる

ボウルにAを入れ、スケッパーで1分ほど混ぜる。ぬるま湯、豆乳、溶かしたバターを加え、スケッパーで4〜5分よく混ぜる。

2 分割

スケッパーを使い、生地を8等分する。

3 成形

手に油をつけてつるぴかになるまでまるめたら、クッキングシートを敷いた天板に並べる。

4 発酵

ふんわりとラップをして濡れ布巾をかけ、オーブンの発酵機能40℃で10〜12分発酵させる。取り出してオーブンを180℃に予熱する。

5 仕上げ＆焼く

オーブンの予熱が終わったら、冷凍庫からクッキー生地を出し、パン生地にクッキー生地を絞る（a）。180℃のオーブンで14分焼く。

少しふっくらするくらいが目安

かたくて絞りにくいときは、手でもんで調整する

\まるパンArrange/

小さくまるめて！ ミニまるパン

プチーズ mini

チーズを混ぜて
ポンデケージョ風に。
おやつはもちろん、
お酒のおともにも！

材料（8個分）

A | 米粉（パン用）…100g
  | 粉チーズ…10g
  | ドライイースト…2g
  | 砂糖…5g
  | 塩…2g
  | サイリウム…3.5g

ぬるま湯（37℃前後）…55g
豆乳（無調整・37℃前後）…55g
オリーブオイル…5g
ピザ用チーズ（室温に戻す）…20g

植物油（作業用）…適量
オリーブオイル（仕上げ用）…適量

焼き時間
180℃
12分

作り方

1 混ぜる

ボウルにAを入れ、スケッパーで1分ほど混ぜる。ぬるま湯、豆乳、オリーブオイルを加え、スケッパーで4〜5分よく混ぜる。ピザ用チーズを加えて全体に混ぜ込む（a）。

2 分割

スケッパーを使い、生地を8等分する。

3 成形

手に油をつけてつるぴかになるまでまるめたら、クッキングシートを敷いた天板に並べる。

4 発酵

ふんわりとラップをして濡れ布巾をかけ、オーブンの発酵機能40℃で10〜12分発酵させる。取り出してオーブンを180℃に予熱する。

少しふっくらするくらいが目安

5 仕上げ&焼く

オーブンの予熱が終わったら、生地に刷毛でまんべんなくオリーブオイルを塗る。180℃のオーブンで12分焼く。

材料（8個分）

- **A**
  - 米粉（パン用）…100g
  - 粉チーズ…10g
  - ドライイースト…2g
  - 砂糖…5g
  - 塩…2g
  - 乾燥パセリ、乾燥バジルなど…0.4g
  - サイリウム…3.5g
- トマトジュース（食塩不使用・37℃前後）…110〜120g
  - ※トマトジュースの種類によって生地のかたさが変わる。生地をつまんで指につかないときは、量を調整する。
- オリーブオイル…5g
- ウインナーソーセージ（またはベーコン）…20g
- 植物油（作業用）…適量
- オリーブオイル（仕上げ用）…適量

【下準備】
- ソーセージは細かく切る。

作り方

焼き時間
180℃ 12分

1 混ぜる
ボウルにAを入れ、スケッパーで1分ほど混ぜる。トマトジュース、オリーブオイルを加え（a）、スケッパーで4〜5分よく混ぜる。ソーセージを加えて全体に混ぜ込む。

2 分割
スケッパーを使い、生地を8等分する。

3 成形
手に油をつけてつるぴかになるまでまるめたら、クッキングシートを敷いた天板に並べる。

4 発酵
ふんわりとラップをして濡れ布巾をかけ、オーブンの発酵機能40℃で10〜12分発酵させる。取り出してオーブンを180℃に予熱する。
少しふっくらするくらいが目安

5 仕上げ&焼く
オーブンの予熱が終わったら、生地に刷毛でまんべんなくオリーブオイルを塗る。180℃のオーブンで12分焼く。

まるでピザ mini

プチーズminiの水分をトマトジュースにして、ハーブをプラス。「えっ？ピザ？？」、思わず声があがること間違いなし！

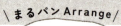

小さくまるめて！
ミニまるパン

ふわサク
まんまるドーナツ
mini
プレーン＆ソーセージ

まるパン生地を油で揚げたらドーナツに！
ふわふわサクサクの揚げ立てをどうぞ。

揚げ時間
**160℃
4分**

材料（プレーン、ソーセージ 各4個分）

A ｜ 米粉（パン用）…100g
　｜ ドライイースト…3g
　｜ 砂糖…10g
　｜ 塩…1.5g
　｜ サイリウム…2.5g

ぬるま湯（37℃前後）…50g
豆乳（無調整・37℃前後）…25g
溶き卵…15g
無塩バター（溶かす）…10g
ウインナーソーセージ
　（室温に戻す）…1本
グラニュー糖（好みで）…適量

植物油（作業用）…適量
揚げ油…適量

【下準備】
・ソーセージは長さを4等分に切る。

作り方

1 混ぜる
ボウルにAを入れ、スケッパーで1分ほど混ぜる。ぬるま湯、豆乳、溶き卵、溶かしたバターを加え、スケッパーで4〜5分よく混ぜる。

2 分割
スケッパーを使い、生地を8等分する。

3 成形
手に油をつけてつるぴかになるまでまるめる。4個は生地を手で円形に伸ばし、中央にソーセージをのせて（a）包む。とじ目を下にしてクッキングシートを敷いた天板に並べる。

a

4 発酵
ふんわりとラップをして濡れ布巾をかけ、オーブンの発酵機能40℃で10〜12分発酵させる。

少しふっくらするくらいが目安

5 仕上げ&焼く
鍋に揚げ油を3cm深さほど入れて160℃に熱し、生地を入れて4分ほど転がしながら揚げる（b）。温かいうちに好みでグラニュー糖をまぶす。

b

鈴木あつこ

愛知県在住。毎日のように小麦粉パンを焼いて12年以上、米粉パンに夢中になって6年になる。誰でも簡単にお店みたいなパンが作れる「あつあつパン教室」を開催。YouTubeでもレシピ動画を公開し、簡単で作りやすいレシピが人気を呼んでいる。著書に『世界一作りやすい本格おうちパン』(KADOKAWA)、『お店みたいなあつあつ米粉パン』(扶桑社)がある。将来の夢は簡単でおいしい米粉パンを今よりもっとたくさんの方に知ってもらうこと。

YouTube
「あつあつパン教室」

Instagram

デザイン／片桐直美(notes)
撮影／山川修一(扶桑社)
スタイリング／蓮沼あい
調理アシスタント／加藤美穂、福池素美、長坂麻奈未
校正／共同制作社
DTP制作／ビュロー平林
取材・文／林 由香理
編集／佐藤千春(扶桑社)

材料協力／富澤商店　https://tomiz.com/
機材協力／東芝ライフスタイル株式会社　https://www.toshiba-lifestyle.com/jp/microwaves/

まるめてふっくら！魔法の米粉パン

発行日　2025年3月5日　初版第1刷発行
　　　　2025年4月20日　　　第2刷発行

著者　　鈴木あつこ
発行者　秋尾弘史
発行所　株式会社 扶桑社
　　　　〒105-8070
　　　　東京都港区海岸1-2-20　汐留ビルディング
　　　　電話　03-5843-8842(編集)
　　　　　　　03-5843-8143(メールセンター)
　　　　www.fusosha.co.jp

印刷・製本　TOPPAN株式会社

定価はカバーに表示してあります。
造本には十分注意しておりますが、落丁・乱丁(本のページの抜け落ちや順序の間違い)の場合は、小社メールセンター宛にお送りください。送料は小社負担でお取り替えいたします(古書店で購入したものについては、お取り替えできません)。
なお、本書のコピー、スキャン、デジタル化等の無断複製は著作権法上の例外を除き禁じられています。本書を代行業者等の第三者に依頼してスキャンやデジタル化することは、たとえ個人や家庭内での利用でも著作権法違反です。

©Atsuko Suzuki 2025　Printed in Japan　ISBN978-4-594-09887-2